GAST FREUND SCHAFT

Elissavet Patrikiou   Michalis Pantelouris

GAST
FREUND
SCHAFT

Miteinander kochen, genießen und leben
Rezepte aus aller Welt

Hölker Verlag

vorwort

Essen ist Leben. Deshalb ist es so sinnlos allein. Wenn wir gemeinsam Brot brechen, Wein trinken, aus einer Schüssel dampfende, heiße Suppe schöpfen, dann nähren wir uns mit viel mehr als nur dem, womit wir unsere Mägen füllen – mit Worten und Blicken, Lachen und Gesten, mit Nähe. Mit einem Platz, an dem wir willkommen sind.

Dieses Buch ist ein Kochbuch und ein Buch über das Leben. Es ist ein Buch über Menschen, die uns eingeladen haben, an ihre Tische, in ihre Küchen, in ihre Leben. Es ist ein deutsches Kochbuch, weil alle diese Menschen in Deutschland leben, aber es ist auch ein Buch voller Rezepte aus den verschiedensten Ländern, weil viele dieser Menschen Wurzeln in ebendiesen Ländern haben. Es ist ein Buch über Gastlichkeit, weil jeder von ihnen uns mit offenen Armen empfangen hat. Wir haben Zeit miteinander verbracht und Geschichten geteilt, wir haben zusammen gekocht und gegessen und getrunken.

Wir sind Freunde geworden.

Es ist die schönste Realität unseres Landes, dass so viele so verschiedene Menschen wie die in diesem Buch versammelten die Möglichkeit haben, miteinander zu sitzen, zu essen und ein kleines Stück ihres Lebens zu teilen. Das ist die Kraft von Gastfreundschaft. Das ist die Magie, die darin liegt, gemeinsam zu kochen, zu schmecken, zu riechen, zu fühlen. Miteinander. Füreinander.

Das wollen wir teilen. Weil alles andere kein Leben ist.

LEONIE | 08

»Auch der Tisch muss schön gedeckt sein, das Auge soll mitessen.«

KAREN UND VIJAY | 80

»Natürlich kann man einen Tisch auf dem Parkplatz aufstellen. Ich habe schließlich einen Parkschein gelöst.«

ALEXANDROS | 34

»Wir nehmen uns die Zeit zum Kochen, und ich glaube, die Zeit fehlt nicht beim Rest des Tages, sondern hilft dabei, produktiv zu sein.«

YASEMIN UND CÜNEYT | 22

FLORA | 54

»Der Duft von Kaffee und frischen Brötchen am Morgen. Diese Kombination erinnert mich an meinen Großvater in Santa Catarina in Brasilien …«

»Rock 'n' Roll und fette Beute!«

CHARLY | 68

BAO | 98

ALEX, KATJA UND MONTY | 112

»Freundschaften zu schließen über Sprachbarrieren und fremde Gebräuche hinweg ist keine einfache Übung, aber ... gemeinsames Kochen, Essen und Lachen verbindet ...«

KERSTIN | 182

»Eine buntere Mischung als hier kann es nicht geben: Menschen aller Farben, Formen und Größen. Und die Erfahrung: Wenn jeder eine andere Geschichte mitbringt, gibt es für alle viel mehr Gegenwart.«

FELIX | 154

»Ich schalte den Kopf aus, wie sonst nur beim Angeln. Ich denke gar nicht, ich bin einfach da und koche. Total entspannt. Vielleicht trinke ich ein Glas Wein dabei. Perfekt!«

LISA | 130

»Es gibt eine besondere Dynamik, wenn Menschen zusammen kochen: Jeder bietet sich an, zu tun, was er kann.«

MICHALIS | 202

JASMIN | 130

»Selbst die zwei unterschiedlichsten Menschen der Welt haben mehr gemeinsam, als sie trennt.«

MARIA | 220

rezepte

PAPADAM
DEVIL-SCAMPI
LINSENCURRY
AUBERGINEN-CURRY
KARTOFFEL-MÖHREN-CURRY
BASMATIREIS À LA SRI LANKA

LEO NIE:

Ihr Stand lacht: Die bunten Farben des Essens, die Gerüche und Leonie selbst – alles lacht. Es sind Currys und Rotis, gefüllte Fladen, die sie seit ihrer Kindheit auf Sri Lanka kennt und deren Rezepte ursprünglich von ihrer Mutter stammen.

»Ich habe seit meiner Kindheit
jeden Tag meines Lebens ein Ritual:
Ich lege meine Hände an den Reistopf
und bete. Jeden Tag.«

»Im Sommer koche ich, es kommen Leute vorbei und wir sitzen in meinem kleinen Garten. Herrlich!«

Leonie ist 1978 nach Deutschland gekommen, im schlimmsten Winter, an den man sich erinnern kann. Da hat sie zum ersten Mal Schnee gesehen. Und als Kind entdeckt, dass man ihn wirklich in der Hand schmelzen lassen kann. »Wir haben so gefroren – aber es war auch eine coole Zeit!«

»Kochen ist für mich die pure Entspannung«, erzählt Leonie. Sie packt immer die gesamten Einkäufe auf den Tisch und genießt die Farben, die Gerüche. Das Kochen beginnt schon mit den Gedankenspielen vorher, wenn sie sich ein Gericht überlegt. Das ist für mich, was für andere Menschen Yoga ist oder Meditation.

Papadam

Pflanzenöl zum Frittieren
1 Packung Papadam

Papadams sind pikante, dünne Waffeln. Man kann sie als Beilage servieren, die hervorragend zu Currys passt. Aber auch als Snack zu Gemüse und Chutneys schmecken sie sehr lecker. Man serviert sie warm oder kalt.

Das Pflanzenöl in einem Topf stark erhitzen.
2-3 Papadams in den Topf geben. Es sollten nur so viel sein, wie mit etwas Platz auf einmal an der Oberfläche schwimmen können.

Sobald sie beginnen, aufzugehen bzw. sich Blasen bilden, sofort wenden. Achtung, das geht sehr schnell!

Dann zügig herausnehmen und auf Küchenpapier abtropfen lassen.

Devil-Scampi

Für ca. 6 Personen
2 Zwiebeln
2 Knoblauchzehen
2 rote Spitzpaprikaschoten
2 grüne Spitzpaprikaschoten
2 Tomaten
600 g Scampi, gepult und entdarmt
2 EL Kokosöl
½ TL Chiliflocken
8 Curryblätter
Salz und frisch gemahlener schwarzer Pfeffer

Die Zwiebeln schälen und in Streifen schneiden. Die Knoblauchzehen schälen und sehr fein hacken.

Die Paprikaschoten halbieren, von Samen und Scheidewänden befreien und in Streifen schneiden. Die Tomaten vom Stielansatz befreien und in Stücke schneiden.

Die Scampi unter kaltem Wasser abspülen und auf Küchenpapier abtropfen lassen.

Das Kokosöl im Wok erhitzen (ersatzweise in einer Pfanne) und die Zwiebeln kurz darin anbraten.

Dann Paprika und Tomaten zugeben und 2–3 Minuten anbraten. Dabei immer wieder rühren.

Chiliflocken, Curryblätter und den Knoblauch dazugeben und kurz mit anschwitzen. Nach Geschmack mit Salz und Pfeffer würzen.

Die Scampi einrühren und ca. 4 Minuten mitbraten, bis sie gar sind. Vorsichtig, sie werden schnell trocken. Sie sollten innen noch etwas glasig sein.

Linsencurry

Für ca. 6 Personen
200 g rote Linsen
1 TL Currypulver
1 TL gemahlene Kurkuma
1 Dose Kokosmilch à 400 ml
1 rote Zwiebel
2 Knoblauchzehen
2 EL Ghee (geklärte Butter)
2 TL schwarze Senfkörner
1 Zweig Curryblätter
2 getrocknete Chilischoten
2 Tomaten
1 Frühlingszwiebel
Salz

Die Linsen 30 Minuten in Wasser einweichen, dann abspülen und mit frischem Wasser nach Packungsanleitung sowie Currypulver und Kurkuma in einem Topf zum Köcheln bringen. So lange kochen, bis die Linsen weich sind. Restliches Wasser abgießen.

Die Linsen in eine Schüssel geben und die Kokosmilch zugießen.

Die Zwiebel schälen und in Streifen schneiden. Den Knoblauch schälen und hacken. Den Topf wieder auf die Herdplatte stellen und das Ghee darin erwärmen. Zwiebeln, Knoblauch, Senfkörner, Curryblätter und Chilischoten darin anrösten.

Die Tomaten vom Stielansatz befreien und in Würfel schneiden. Einen Teil davon für die Dekoration zur Seite stellen. Die Frühlingszwiebeln putzen und in Ringe schneiden.

Linsen und Tomaten in den Topf geben, salzen und von der Herdplatte nehmen.

In eine Schale füllen und mit den restlichen Tomaten und Frühlingszwiebeln garnieren.

Auberginencurry

Für ca. 6 Personen
2 Zwiebeln
1 Knoblauchzehe
1 Stück Ingwer (1 cm)
300 g Thai-Auberginen
10 Curryblätter
2 TL Currypulver
1 TL Chilipulver
1 TL gemahlener Koriander
200 ml Kokosmilch
Salz

Zwiebeln und Knoblauch schälen und in feine Würfel schneiden. Den Ingwer schälen und hacken.

Die Auberginen waschen und in Stücke schneiden. Mit Zwiebeln, Knoblauch, Curryblättern und Gewürzen in einen Topf geben und mit Wasser begießen, sodass alles gerade bedeckt ist. Köcheln lassen, bis die Auberginen gar sind.

Zum Schluss die Kokosmilch angießen, nochmals kurz aufkochen, zur Seite stellen und kurz durchziehen lassen. Nach Geschmack mit Salz abschmecken.

Kartoffel-Möhren-Curry

Für ca. 6 Personen

300 g Kartoffeln
250 g Möhren
1 Zwiebel
1 Knoblauchzehe
8 Curryblätter
1 TL Chilipulver
1 TL Currypulver
1 TL gemahlene Kurkuma
1 Zimtstange
½ TL Bockshornklee
1 Dose Kokosmilch à 400 ml
Salz
Frühlingszwiebeln zum Garnieren

Kartoffeln und Möhren schälen und klein schneiden. Zwiebel und Knoblauch ebenfalls schälen und hacken.

Alles in einen Topf geben, dann Curryblätter und Gewürze zugeben und mit Wasser bedecken; zum Kochen bringen und einen Deckel aufsetzen.

So lange köcheln lassen, bis Kartoffeln und Möhren gar sind. Zwischendurch immer wieder rühren und bei Bedarf etwas Wasser zugeben. Achtung, nicht zu viel, das Wasser sollte beim Kochen verdampfen.

Die Kokosmilch angießen und den Topf mit geschlossenem Deckel noch etwas auf dem Herd stehen lassen. Nach Geschmack mit Salz abschmecken.

Die Frühlingszwiebeln putzen und hacken, zum Servieren über das Curry streuen.

> »Ohne Reis wäre mein Leben nur halb so schön. Ich koche auch gerne deutsch – aber Reis gibt es immer.«

Basmatireis à la Sri Lanka

Für ca. 6 Personen

250 g Basmatireis
1 Zimtstange
Kardamomkapseln
1 Prise Salz
1 Spritzer Zitronensaft
1½ EL Ghee (geklärte Butter)

1 Liter Wasser mit Reis, Gewürzen und Zitronensaft in einen mittelgroßen Topf geben. Zum Kochen bringen, die Hitze reduzieren und alles leicht sprudelnd 10 Minuten kochen.

Das Wasser abgießen und das Ghee zum Reis geben. Abgedeckt nochmals ca. 10 Minuten auf der warmen Herdplatte quellen lassen.

Auf Sri Lanka isst man diese verschiedenen Speisen als eine Mahlzeit mit Reis. Je mehr Gerichte auf dem Tisch stehen, umso edler die Mahlzeit. Traditionell wird nicht auf Tellern gegessen, sondern auf Bananenblättern und auch ohne Besteck. Stattdessen nimmt man einfach die Finger.

»Ich muss jeden Tag etwas Scharfes essen. Mindestens ein Mal. Deshalb werde ich praktisch nie krank!«

rezepte

»ZIGARREN«-RÖLLCHEN – SIGARA BÖREK
MIT MAISMEHL GEBRATENE AUBERGINENSCHEIBEN – MISIR UNLU PATLICAN KIZARTMASI
BULGURSALAT – KISIR
MÖHREN-JOGHURT-SALAT – HAVUÇLU YOĞURT SALATASI

YASEMIN & CUENEYT:

Okay, es wird kurz kompliziert: Zwei türkische Geschwister in Deutschland, Yasemin und Cüneyt. Sie reist gerne und war zuletzt ein Jahr unterwegs: in Ecuador, Chile und Peru, dann in Nordamerika und zum Abschluss in Ladakh im Norden Indiens. Er reist ebenfalls viel, im Moment vor allem in die Türkei, weil sein deutscher Mann gerade in Istanbul lebt. Sie heiratet bald einen Musiker aus Atlanta, Georgia. Und möchte mit ihm gerne in die Sonne ziehen, nach Südamerika, am liebsten nach Ecuador, »wenn wir es uns aussuchen können«. Und von dort aus weiter reisen, gerne in Asien.

Aber wenn Sie sich nur die wichtigsten Dinge merken wollen: Er ist der größte Ästhet, den man sich vorstellen kann. Und sie eine wunderbare Köchin. Und beide sind sie die gastfreundlichsten Menschen der Welt. Mehr muss man eigentlich gar nicht wissen.

»Zigarren«-Röllchen
Sigara Börek

Für 25 Stück
1 Bund glatte Petersilie
200 g Schafskäse
25 dreieckige Yufka-Blätter (Strudelteigblätter)
Sonnenblumenöl zum Anbraten

Die Petersilie abbrausen, trocken tupfen und fein hacken. Den Käse zerbröckeln oder reiben und beides vermengen.

Die Yufka-Teigblätter leicht anfeuchten. Ca. 1 Esslöffel der Füllung am breiten Ende verteilen. Die rechte und linke Ecke leicht einklappen, dann vom breiten Ende zur Spitze hin nicht allzu fest zusammenrollen. Die kurze Spitze anfeuchten und das Röllchen verkleben.

Das Öl ca. 0,5 Zentimeter hoch in einer Pfanne erhitzen. Die Röllchen hineingeben und goldbraun anbraten. Die frisch gebackenen Röllchen auf Küchenpapier auslegen und entfetten, damit sie knusprig bleiben.

Mit Maismehl gebratene Auberginenscheiben
Mısır unlu patlıcan kızartması

Für ca. 6 Personen

FÜR DIE AUBERGINEN
1 Aubergine
Mehl
1 Ei
Maismehl
1-2 EL Milch
½ TL Salz
¼ TL frisch gemahlener schwarzer Pfeffer
Pflanzenöl zum Anbraten

FÜR DIE SOSSE
1 Knoblauchzehe
7 frische Minzeblätter
3 EL extra natives Olivenöl
1 EL Weißweinessig (oder Zitronensaft)
1 Msp. Paprikapulver
1 Msp. Salz
1 Msp. frisch gemahlener schwarzer Pfeffer

Tipp
Man kann zu den Auberginen auch eine klassische Joghurt-Knoblauch-Soße essen.

Die Enden der Aubergine abschneiden und den Rest gleichmäßig in ca. 8 Millimeter dicke Scheiben schneiden. Diese 20 Minuten in Salzwasser einlegen, dann abgießen und trocken tupfen.

In der Zwischenzeit für die Soße den Knoblauch schälen und pressen. Die Minzeblätter abbrausen, trocken tupfen und grob hacken. Mit den restlichen Zutaten verrühren.

Mehl, Ei und Maismehl separat in drei tiefe Teller geben. Das Ei mit etwas Milch, Salz und Pfeffer verquirlen.

Das Öl in einer Pfanne stark erhitzen. Die Auberginenscheiben von beiden Seiten panieren. Dazu zuerst im Mehl, dann im Ei und zuletzt im Maismehl wenden. In der Pfanne von beiden Seiten goldbraun ausbacken und anschließend auf Küchenpapier abtropfen lassen.

Die panierten Auberginenscheiben auf einem flachen Teller anrichten und mit der sommerlich frischen Soße servieren.

Bulgursalat
Kısır

Für 6 Personen

FÜR DEN SALAT
150 g feiner Bulgur
Salz und frisch gemahlener schwarzer Pfeffer
1 großes Bund glatte Petersilie
1 Bund Minze
4 Frühlingszwiebeln
3 Tomaten

FÜR DAS DRESSING
2 EL frisch gepresster Zitronensaft
3 EL Olivenöl
Abrieb von **1** Bio-Zitrone
Salz und frisch gemahlener schwarzer Pfeffer

Für den Salat den Bulgur in einen Topf geben und so viel Wasser angießen, dass er etwa 4 Zentimeter hoch bedeckt ist. Etwas Salz und Pfeffer zufügen, zum Kochen bringen, dann die Hitze reduzieren und kochen lassen, bis der Bulgur weich ist; das dauert etwa 15 Minuten. Den Bulgur anschließend abkühlen lassen.

Petersilie und Minze abbrausen, trocken tupfen, die Blättchen abzupfen und fein hacken. Die Frühlingszwiebeln putzen und in Ringe schneiden. Kräuter und Frühlingszwiebeln zum Bulgur geben.

Die Tomaten vom Stielansatz befreien, halbieren, entkernen, fein würfeln und ebenfalls dazugeben.

Für das Dressing Zitronensaft, Olivenöl und Zitronenabrieb mit etwas Salz und Pfeffer vermengen und unter den Salat heben.

Möhren-Joghurt-Salat
Havuçlu Yoğurt Salatası

Für ca. 6 Personen

4 große Möhren
2 Knoblauchzehen
300 g Süzme Joghurt (10 % Fettgehalt)
3 EL extra natives Olivenöl
je 1 Prise Salz und frisch gemahlener schwarzer Pfeffer
frische Minze zum Garnieren
frischer Dill zum Garnieren
1 EL gehackte Walnusskerne

Die Möhren schälen, die Enden abschneiden und den Rest 15 Minuten in sprudelndem Wasser kochen. Die Kochzeit variiert je nach Größe der Möhren. Die Festigkeit mit einer Gabel testen; sie sollten noch bissfest sein. Anschließend das Wasser abgießen und die Möhren abkühlen lassen.

Den Knoblauch schälen und pressen. Zusammen mit Joghurt und Olivenöl in eine große Schüssel geben und die abgekühlten Möhren hineinraspeln. Mit Salz und Pfeffer würzen und gut durchrühren. Zum Durchziehen einige Stunden in den Kühlschrank stellen.

Kurz vor dem Servieren die Kräuter abbrausen, trocken tupfen und hacken. Zusammen mit den Walnüssen auf den Möhren-Joghurt-Salat streuen.

rezepte

HAMBURGER RUNDSTÜCK
GRIECHISCHER EINTOPF – STIFADO
MATJESFILET MIT SPECKSTIPPE, GESTOVTE , GRÜNE BOHNEN UND PELLKARTOFFELN
FRISCHE MANGO-QUARK-TORTE
HEFEGEBÄCK – TSOUREKI

ALEX AND ROS:

Er räumt die Taschen aus dem Weg. »Wie sieht denn das sonst aus?«, fragt Alexandros rhetorisch. Alles in seinem Laden hat seinen Platz, und das heißt, es gibt viele Plätze, denn Alexandros Sistakos hegt eine Liebe zu Details.

Sein Restaurant war früher ein Buchladen, und er hat beschlossen, die Wandregale stehen zu lassen und den Laden einzurichten wie die Bibliothek eines englischen Lords – mit Sesseln und Sofas, Schachbrett und allem, was sonst noch im Regal eines Mannes steht, der die Welt gesehen und dabei mit Geschmack Souvenirs gesammelt hat.

Satt essen und satt sehen sind bei ihm eins.

Und so eklektisch die Sammlung ist, umso präziser ist die Anordnung. Da kann kein Gast diesen geschliffenen Diamanten verunstalten, indem er seine Tasche irgendwo abstellt oder gar seine Jacke über die Rückenlehne eines der antiken Stühle hängt. Dafür ist die Garderobe da.

Alexandros schafft sich seine Plätze. Für das große Mahl, zu dem er heute gleich reihenweise Freunde eingeladen hat, räumt er kurzerhand Tische in die Parkbucht vor seinem Laden und dekoriert sie zur Festtafel. Wo sein Wille ist, ist auch Platz dafür.

Er kocht griechisch an diesem Tag. Und hamburgisch. Und alles mögliche andere, Alexandros war noch nie bereit, sein Leben von irgendwelchen anderen Regeln bestimmen zu lassen als seinem eigenen Geschmack. Aber der ist offensichtlich so, dass andere sich gerne von ihm umhüllen lassen. Es ist eine eigene Welt, die er schafft, jeden Tag, aber eine, in der Gäste willkommen sind.

»Ich kenne ja meine Stammgäste. Es gibt zum Beispiel einen, der kriegt bei mir jeden Donnerstag um 12:30 Uhr seinen Milchreis. So etwas macht mir Spaß.«

Freunde mischen sich mit Kunden, an diesem heißen Sommernachmittag vor dem »Alexandros«, die Übergänge sind fließend.

Das Essen, der Wein, die Menschen, von denen die meisten sich niemals vorher begegnet sind – ein feiner, älterer Herr, ein Stammgast, der zufällig vorbeikommt, sagt nur: »Das ist Frieden«, und freut sich über die bunte Runde, die sich hier gefunden hat, um gemeinsam »Hamburger Rundstück« zu essen, und alles andere, was Alexandros auftischt. Es ist eine Sammlung, die sich selber gefunden hat, angezogen von der Gastfreundschaft eines begnadeten Sammlers. Dem gemeinsamen Freund. Zufälle natürlich, aber vielleicht ist das die Kunst des Lebens: Die Zufälle einladen und die richtigen behalten. Dann passt alles.

Hamburger Rundstück

Für 4 Personen

FÜR DAS FLEISCH
800 g Schweinehals ohne Knochen
2 EL Senf
Salz und frisch gemahlener
schwarzer Pfeffer
Paprikapulver rosenscharf
Majoran
1 Knoblauchzehe, zerdrückt

FÜR DIE BRATENSOSSE
50 g Butter
2 EL Olivenöl
50 g Speck, gewürfelt

50 g Majoran
200 g Champignons, in Scheiben geschnitten
Butter und Mehl zum Abbinden
Salz und frisch gemahlener
schwarzer Pfeffer

ZUM SERVIEREN
1 kleines Bund Thymian
1 kleines Bund Rosmarin
4 Kaisersemmeln
½ Bio-Salatgurke, mit Schale in Scheiben
geschnitten
Olivenöl zum Beträufeln

Den Schweinehals in einen großen Topf mit 5 Litern Salzwasser geben und 35-45 Minuten kochen. Das Fleisch anschließend in einen Bräter geben und mit der entstandenen Fleischbrühe aufgießen. Einen Teil davon zur Seite stellen. Mit Senf, Salz, Pfeffer, Paprikapulver, Majoran nach Geschmack sowie Knoblauch würzen. Bei 200 °C 45-60 Minuten im Ofen schmoren. Währenddessen immer wieder mit dem Bratensaft begießen und mit restlicher Fleischbrühe bedecken.

Butter und Olivenöl in einer Pfanne erhitzen und den Speck darin anschwitzen. Den Majoran dazugeben, ebenso die Champignons. Mit dem Bratfond des Fleisches aufgießen. Kurz köcheln lassen und die Soße mit Butter und Mehl etwas abbinden; mit Salz und Pfeffer abschmecken.

Zum Servieren Thymian und Rosmarin abbrausen, trocken tupfen, die Blättchen bzw. Nadeln abzupfen und grob hacken.

Die Kaisersemmeln aufschneiden und in die Mitte eines tiefen Tellers je 1 Unterseite eines Brötchens hineingeben. 1 dicke Scheibe Schweinebraten sowie einige Salatgurkenscheiben darauflegen und mit einem Brötchendeckel abschließen. Die Sauce darübergießen und alles mit Thymian und Rosmarin dekorieren. Zum Schluss mit etwas Salz und Pfeffer würzen und etwas Olivenöl aufträufeln.

Griechischer Eintopf
Stifado

Für 4 Personen
1 ganzes Kaninchen ohne Kopf (etwa 2,5 kg)
5 Lorbeerblätter
10 Nelken
10 g Pimentkörner
10 g Senfkörner
50 g schwarze Pfefferkörner
2 Zimtstangen
100 g Paprikapulver rosenscharf
2,5 kg Zwiebeln
1 **Tasse** Olivenöl
750 ml Rotwein (Mavrodaphne)
50-100 g Salz
10 g Pfeffer, frisch gemahlen
je 10 g Majoran und Oregano
1 **Bund** Majoran zum Garnieren
Salzkartoffeln und Weißbrot zum Servieren

Das Kaninchen in acht Teile zerlegen (zwei Vorderläufe, zwei Keulen, den Rücken in vier Teile) und in einen hohen Topf geben.

Die Gewürze, bis auf das Paprikapulver, auf dem Fleisch verteilen und gut damit marinieren. Die Zwiebeln schälen und dazugeben.

Das Olivenöl mit dem Paprikapulver vermengen und zugeben. Den Rotwein und 1 Liter Wasser angießen. Mit Salz, Pfeffer, Majoran und Oregano würzen, aufkochen und bei geringer Hitze 45-60 Minuten garen.

In tiefen Tellern servieren und mit Majoran garnieren. Mit Salzkartoffeln und Weißbrot servieren.

Matjesfilet mit Speckstippe, gestovte grüne Bohnen und Pellkartoffeln

Für 4 Personen

FÜR DEN FISCH
4 Doppelfilets geräucherter Matjes

FÜR DIE SPECKSTIPPE
400 g Speck
300 g Butter
100 ml Olivenöl

FÜR DIE GESTOVTEN BOHNEN
2 Schalotten, gewürfelt
500 g grüne Brechbohnen
1 Bund Bohnenkraut
50 g Butter
3 EL Olivenöl
Salz und frisch gemahlener schwarzer Pfeffer
1 Knoblauchzehe, gepresst

ZUM SERVIEREN
500 g mehligkochende Kartoffeln
1 Bund krause Petersilie
1 Bund Frühlingszwiebeln
Weiß- oder Schwarzbrot-Croûtons
Salz und frisch gemahlener schwarzer Pfeffer
Olivenöl zum Beträufeln

Die Kartoffeln in einem großen Topf Salzwasser 12–15 Minuten gar kochen und pellen.

Für die Speckstippe den Speck in Würfel schneiden. Butter und Olivenöl bei geringer Hitze in einem Topf erwärmen und den Speck langsam darin auslassen, bis er knusprig ist; bis zum Servieren warm halten.

Für die gestovten Bohnen die Schalotten schälen und in Würfel schneiden. Die Bohnen putzen. Das Bohnenkraut abbrausen, trocken tupfen und hacken. Butter und Olivenöl in einem Topf erhitzen, die Schalotten darin anschwitzen. Die Brechbohnen dazugeben, mit Salz und Pfeffer würzen. Knoblauch und Bohnenkraut sowie 100 Milliliter Wasser zugeben und die Bohnen gar kochen, bis sie noch leichten Biss haben.

Die Petersilie abbrausen, trocken tupfen, die Blättchen abzupfen und grob hacken, die Frühlingszwiebeln putzen und klein schneiden.

In die Mitte eines tiefen Tellers 2–3 heiße Pellkartoffeln geben und mit einer Gabel leicht andrücken. Darauf einige Bohnen geben und darauf wiederum 2 Matjesfilets legen. Die Speckstippe darübergeben und mit Petersilie, Frühlingszwiebeln und einigen Croûtons dekorieren. Mit Salz und Pfeffer würzen und etwas Olivenöl aufträufeln.

»Natürlich kann man einen Tisch auf dem Parkplatz aufstellen. Ich habe schließlich einen Parkschein gelöst.«

Frische Mango-Quark-Torte

Für 1 Kuchen
FÜR DEN BISKUITBODEN
3 Eier
140 g Zucker
1 Pck. Vanillezucker
60 g Mehl
40 g Speisestärke

FÜR DIE QUARKMASSE
1 kg Quark (Magerstufe)
150 g Zucker
1 Pck. Vanillezucker
1 EL Honig
4 frische reife Mangos
Mirabellenbrand zum Beträufeln
Mangowürfel, Bio-Limettenabrieb und Minze zum Garnieren

AUSSERDEM
1 Springform (ø 26 cm)
Butter und Mehl für die Form
Spritzbeutel mit großer Lochtülle

Die Springform mit Butter einfetten und mit Mehl ausstäuben. Den Backofen auf 160 °C Umluft vorheizen.

Für den Biskuitboden die Eier trennen. Die Eiweiße mit 40 g Zucker steif schlagen. Die Eigelbe mit dem restlichen Zucker sowie dem Vanillezucker cremig rühren.

Das Mehl mit der Speisestärke mischen und langsam unter die Eimasse heben. Dann den Eischnee unterziehen.

Die Biskuitmasse in die Springform geben und im Ofen 25–35 Minuten backen. Nach dem Backen gut auskühlen lassen und anschließend mit einem großen, scharfen Messer in drei gleichmäßige Teile schneiden. Alternativ kann der Teig natürlich auch gedrittelt und können die Böden einzeln gebacken werden.

Für die Quarkmasse den Quark mit Zucker, Vanillezucker sowie Honig verrühren. Die Mangos schälen, das Fruchtfleisch vom Kern schneiden und anschließend in Würfel schneiden.

Einen der Böden auf eine Tortenplatte legen und mit dem Mirabellenbrand beträufeln. Die Quarkmasse in den Spritzbeutel mit Lochtülle geben und etwa ein Drittel der Quarkmasse von außen nach innen schneckenförmig auf dem Boden verteilen. Die Hälfte der Mangowürfel darauf verteilen. Einen weiteren Boden auflegen und ebenso verfahren. Zum Schluss den letzten Boden auflegen und den Rest der Quarkmasse gleichmäßig darauf verstreichen, dabei den Rand nicht vergessen. Mit Mangowürfeln, Limettenabrieb und Minze garnieren. Vor dem Servieren 1 Stunde in den Kühlschrank stellen.

Hefegebäck
Tsoureki

Für ca. 5 kleine Hefezöpfe
1 kg Mehl plus Mehl für die Arbeitsfläche
3 Pck. Trockenhefe
150 g Zucker
¼ TL Salz
1 TL Machlepi-Gewürz (Felsenkirsche)
1 TL gemahlener Kardamom
1 TL zerstoßener Mastix (Harz der Mastix-Pistazienbäume)
Abrieb von 1 Bio-Orange
500 ml lauwarme Milch
2 Eier
250 g Butter plus Butter für das Blech
1 Eigelb

Tipp
Ganz frisch aus dem Ofen schmecken die Hefezöpfe natürlich göttlich! Aber wenn man welche übrig hat oder sie länger haltbar machen möchte: Einfach in ganz dünne Scheiben schneiden und im Ofen »trocknen« lassen, bis sie etwas Farbe bekommen haben. Sehr lecker zu Tee oder Kaffee!

Das Mehl in eine große Schüssel sieben und mit der Hefe mischen. Zucker, Salz, Gewürze, Orangenabrieb, Milch, Eier sowie Butter zugeben und verrühren. Mit den Händen so lange kneten, bis ein schwerer, nicht zu fester Teig entsteht. Diesen zu einer Kugel formen. Abgedeckt an einem warmen Ort 2 Stunden gehen lassen.

Ein Backblech mit Butter einfetten. Die Arbeitsfläche mit etwas Mehl bestäuben, den Teig darauf nochmals gut durchkneten und in fünf gleich große Portionen teilen. Daraus mittelgroße, runde Brote oder Zöpfe formen und auf das Backblech legen. Nochmals 1 Stunde gehen lassen.

Den Backofen auf 180 °C vorheizen.

Das Eigelb mit etwas Wasser verrühren und die Tsoureki damit bepinseln. Im Ofen ca. 35 Minuten backen, bis sie goldbraun sind.

rezepte

MINI-MAISMEHL-FLADENBROT – MINI-AREPA
CEVICHE
HÄHNCHENKUCHEN – TORTA DE FRANGO
MÖHRENKUCHEN – BOLO DE CENOURA
MARACUJA-MOUSSE – MOUSSE DE MARACUJÁ
CAIPIRINHA

FLO RA:

»Ich bin ein Fan der brasilianischen Küche, weil sie eine große Auswahl anbietet.«

Liebe Flora, was ist das Schönste am Kochen?
Wenn man ein »Hmmmmm« hört! Dann bekomme ich das Gefühl, dass sich meine Arbeit gelohnt hat.

Und was ist das Schönste am Essen?
Wenn man vor Glück von Kopf bis Fuß eine Gänsehaut bekommt! So fühlt sich das an – denn Essen ist Gefühl.

Was braucht ein gutes Essen unbedingt?
Gewürze. Ob es ein einfaches Sandwich oder ein kompliziertes Gericht ist, Gewürze betonen den Geschmack.

Was muss deiner Meinung nach jeder unbedingt mal probiert haben?
Acarajé aus Bahia in Brasilien. Ich kenne niemanden, der das gegessen und dem es nicht geschmeckt hat – eine brasilianische Freude!

Gibt es etwas, das du als Erstes isst, wenn du nach Brasilien kommst? Etwas, das du hier vermisst?
Kokoswasser! Das muss unbedingt sein. Und wenn ich im Norden bin, wie gesagt, Acarajé aus Bahia.

Ehrlich gesagt, weiß ich nicht, was das ist ...
Das sind kleine Bällchen, wie eine Art frittiertes Brot aus geschälten, gemahlenen Augenbohnen. Man kann sie füllen wie ein Sandwich, und ich esse sie am liebsten gefüllt mit getrockneten Shrimps.

Was muss man noch über die brasilianische Küche wissen?
Ich bin ein Fan der brasilianischen Küche, weil sie eine große Auswahl anbietet. Allerdings muss ich dazu sagen, dass die nordöstliche Küche mit ihrer Vielfalt an Kräutern, Soßen, Ölen, Mehl, Obst, Gemüse, Fleisch und Meeresfrüchten meine Lieblingsküche ist. Sie begleitet das Leben dort – und ist ein Geschmackserlebnis.

Ich selbst komme aus dem Süden, und als gute Südländerin muss ich das Barbecue erwähnen, das mit Kartoffelsalat, Farofa, Vinaigrette und Brot gegessen wird. Ich meine nicht das Rodízio, sondern das traditionelle brasilianische Barbecue der Gauchos.

FLORA

Und aus der argentinischen Küche?
Ist das eine ernst gemeinte Frage? Wie soll ich das beantworten? Ich kann da eine lange Liste aufzählen: Tortillas, Empanadas, Alfajor, Dulce de leche, Choripán mit Chimichurri, el Asado, Locro, Bife de Chorizo e Picada ... wirklich gerecht wird man dem nur, wenn man das ganze Paket probiert!

Welcher Geschmack oder Geruch bringt dich sofort in deine Kindheit zurück und warum?
Der Duft von Kaffee und frischen Brötchen am Morgen. Diese Kombination erinnert mich an meinen Großvater in Santa Catarina in Brasilien, wenn wir ihn besucht haben. Wir wurden von meinem Großvater mit den wunderbaren Düften geweckt, damit wir zusammen frühstücken konnten.

Welcher Geschmack gehört zum Sommer?
Ohne Frage alles, was fruchtig schmeckt – und für mich persönlich ist fruchtig und bitter zusammen das perfekte Sommererlebnis – abgesehen natürlich vom Sonnenschein!

Welcher Geschmack ist für dich typisch deutsch?
Hier werden saure, bittere und herbstliche Geschmäcker betont – und ich liebe sie alle!

Was kocht man einem Freund, der unglücklich ist?
Ich glaube, ein süßes Dessert passt dann immer. Man kann einfach eine Mousse oder Brigadeiros vorbereiten und alle werden zusammen glücklich sein. Zucker bringt glückliche Gefühle, oder nicht?

Was kocht man, wenn man zehn Besucher erwartet?
Weil jeder einen anderen Geschmack hat oder anders isst, könnte man ein kleines, unkompliziertes Büfett machen. Je unterschiedlicher der Geschmack der verschiedenen Gerichte ist, umso besser. So kann sich jeder seinen Teller oder seine Schüssel selbst mit dem füllen, was er mag.

Für ein flexibles, leckeres Büfett würde sich für mich anbieten: Reis und Bohnen, Pulled Chicken oder Beef, geriebener Käse, Salat, Tomatensalat, Guacamole und eine gute Soße. Diese sollten am besten in dieser Reihenfolge aufgestellt werden, und jeder legt sich aufeinander, was er mag.

Und was kocht man, wenn man einen – ganz besonderen – Besucher erwartet?
Eine köstliche Option wäre ein Drei-Gänge-Menü, das schnell gemacht ist. Als kleine Vorspeise vielleicht eine Ceviche aus Peru, danach ein Meeresfrüchte-Moqueca aus Brasilien und zum Abschluss der süße Geschmack eines Mini-Puddings aus Kondensmilch – natürlich begleitet von einem guten Espresso aus brasilianischen Bohnen.

Erinnerst du dich noch, was das Erste war, das du in Deutschland gegessen hast?
Ich erinnere mich sehr gut, das war eine Bratwurst! Sie war warm, was gut war, weil ich fror, und sie war knusprig und schmeckte sehr intensiv – ganz anders als die Wurst, die wir in Brasilien haben, die ist eher wie Salami. Ich mochte das. Heute esse ich eigentlich nur noch Bratwurst, wenn wir auf ein Volksfest gehen, aber ich habe sie sehr genossen. Mit viel Senf. Und natürlich mit einem Bier, das gehört dazu.

Mini-Maismehl-Fladenbrot
Mini-Arepa

Für 8 Stück

FÜR DIE MINI-AREPAS
180 g Maismehl (Pan)
1 Prise Salz
Kokosöl

VARIANTEN
1 Handvoll Spinatblätter, blanchiert und püriert
1 Möhre, gekocht und püriert

Beläge
GEZUPFTES HÄHNCHEN
1 Hähnchenfilet
1-2 Lorbeerblätter
Salz
1 Zwiebel
1 Knoblauchzehe
1 grüne Paprikaschote
1 TL Kokosöl
250 ml passierte Tomaten
Chilipulver
Paprikapulver
gehackte Petersilie

KOCHBANANEN
1 reife Kochbanane
1 TL Kokosöl

SCHWARZE BOHNEN
1 Tasse schwarze Bohnen
1 rote Zwiebel
3 Knoblauchzehen
1 TL Kokosöl
2 Lorbeerblätter
1 TL gehackte Petersilie
1 Prise gemahlener Kümmel
Salz und frisch gemahlener schwarzer Pfeffer

REINA PEPIADA (AVOCADO MIT HÄHNCHEN)
250 g Hähnchenfilet
½ Lauchstange, gehackt
1 Avocado
100 ml Zitronensaft
1 TL gehackte Petersilie
1 TL gehackter Koriander
Salz und frisch gemahlener schwarzer Pfeffer

ZUM FERTIGSTELLEN
200 g Parboiled Reis, gekocht

Tipp

Wer keine Zeit und trotzdem Lust auf gefüllte Arepas hat, schneidet einfach Tomaten in Scheiben, würzt sie mit Olivenöl, Essig, 1 Spritzer Zitronensaft, Salz, Pfeffer und gemahlenem Kreuzkümmel sowie gehacktem frischem Koriander. Ein paar Salatblätter, wie Eisbergsalat oder Rucola, und eine Scheibe Gouda dazu – fertig ist die schnelle Version.

Für die Arepas Maismehl, Salz und 300 Milliliter Wasser in eine Schüssel geben und mit den Händen mischen, bis sich ein Teig daraus bildet.

Für die Varianten den Teig dritteln und je 1 Teelöffel der Pürees gründlich unterrühren.

Je 50 Gramm der Teige abnehmen und mit kreisförmigen Bewegungen kleine Kugeln daraus kneten. Diese flach drücken, sodass runde, flache Fladen entstehen.

Die Arepas bei niedriger bis mittlerer Hitze auf eine mit etwas Kokosöl bestrichene Grillplatte legen und von beiden Seiten goldbraun anbraten.

Abkühlen lassen, dann mit einem scharfen Messer aufschneiden, um Platz für die Füllung zu schaffen.

Für die Füllung aus gezupftem Hähnchen das Hähnchenfilet mit Lorbeerblättern und Salz in kochendes Wasser geben und weich garen. Dann mit den Händen zerzupfen. In der Zwischenzeit Zwiebel und Knoblauch schälen und hacken. Die Paprika von Samen und Scheidewänden befreien und in Würfel schneiden. Das Kokosöl in einer Pfanne erhitzen und Zwiebel, Knoblauch und Paprika darin anbraten. Dann das Hähnchenfleisch unterrühren. Die passierten Tomaten dazugeben und mit Chili- und Paprikapulver sowie Petersilie abschmecken.

Für die Kochbananenfüllung die Banane schälen und in dünne Scheiben schneiden.

Das Kokosöl bei mittlerer Temperatur etwa 5 Minuten in einer Pfanne erhitzen, dann die Bananenscheiben hineinlegen (Achtung, nicht am heißen Öl verbrennen!). Bananen von beiden Seiten goldbraun braten.

Für die Bohnenfüllung die Bohnen gründlich waschen und ca. 1 Sunde in warmem Wasser einlegen. Anschließend abspülen und mit 4 Tassen Wasser in einen großen Topf geben, aufkochen und ca. 1 Stunde kochen.

Währenddessen die Zwiebel schälen und hacken. Den Knoblauch schälen und pressen. Das Kokosöl in einer Pfanne erhitzen und die Zwiebel darin goldbraun anbraten, den Knoblauch zugeben und ebenfalls anbraten. Beides zu den Bohnen in den Topf geben und gut mischen.

Die restlichen Gewürze zugeben und zwischendurch abschmecken. Immer wieder prüfen, ob die Bohnen bereits weich geworden sind oder ob mehr Wasser hinzugefügt werden muss.

Für die Reina Pepiada das Hähnchenfilet mit dem Lauch in 500 Millilitern Wasser gar kochen. Die Avocado halbieren, den Kern entfernen und das Avocadofleisch auslösen. Das Hähnchen mit den Händen zerzupfen. Beides mit Zitronensaft, Petersilie, Koriander, 2 Esslöffeln der Kochbrühe sowie Salz und Pfeffer in einer Schüssel mischen.

Die aufgeschnittenen Arepas mit Füllung nach Wunsch versehen. Die empfohlene Menge ist jeweils 1 gehäufter Teelöffel Reis und gezupftes Hähnchen, 4 Scheiben Kochbananen, schwarze Bohnen oder nur Reina Pepiada.

Ceviche

Für 6 Personen

500 g Lachsfilet
Saft von **2** Limetten
1 kleine, grüne Spitzpaprika
2 Frühlingszwiebeln
½ rote Zwiebel
½ Chilischote
1 Bund frischer Koriander
Fleur de Sel
frisch gemahlener schwarzer Pfeffer

Tipp
Mit geröstetem Mais und gekochten Süßkartoffelscheiben servieren.

Den Lachs von Haut und braunem Fett befreien, dann in kleine Würfel schneiden.

In eine Schüssel füllen, den Limettensaft dazugeben, alles gut durchmischen und zur Seite stellen.

Die Spitzpaprika halbieren und von Samen und Scheidewänden befreien, dann in feine Würfel schneiden. Die Frühlingszwiebeln putzen und fein hacken. Die Zwiebel schälen und in feine Würfel schneiden. Die Chilischote vom Strunk befreien und ebenfalls in feine Würfel schneiden.

Den Koriander abbrausen, trocken tupfen, die Blättchen abzupfen und fein hacken.

Alle Zutaten unter den Fisch heben und mit Salz und Pfeffer abschmecken. Wem die Säure zu dominant ist, kann sie mit Zucker ein wenig mildern.

Hähnchenkuchen
Torta de Frango

Für 12 Personen

FÜR DEN TEIG
4 Eier
100 ml Pflanzenöl
200 ml Milch
500 ml Weizenmehl
1 EL Backpulver
Salz
100 g Parmesan, gerieben

FÜR DIE FÜLLUNG
1 Zwiebel
2 Knoblauchzehen
1 grüne Paprikaschote
2 Tomaten
400 g Hähnchenbrust, gewürzt mit Salz, gekocht und per Hand fein zerkleinert
200 g Mais (Dose)
200 g Erbsen (Dose)
gehackte Petersilie
Salz und frisch gemahlener schwarzer Pfeffer

AUSSERDEM
Pfanne (ø 22 cm)
Butter und Mehl für die Pfanne

Den Backofen auf 200 °C vorheizen. Die Pfanne gut einfetten und mit Mehl ausstauben.

Für den Teig Eier, Öl, Milch, Mehl, Backpulver, Salz und Parmesan in einem Mixer verrühren.

Für die Füllung Zwiebel und Knoblauch schälen und in feine Würfel schneiden. Die Paprika von Samen und Scheidewänden befreien und würfeln. Die Tomaten vom Stielansatz befreien und ebenfalls fein würfeln. Mit den restlichen Zutaten gut vermengen.

Die Hälfte des Teiges in die Pfanne geben, die Füllung darauf verteilen und mit dem übrigen Teig bedecken.

Die Pfanne in den Ofen stellen und den Kuchen 30 Minuten backen bzw. bis die Oberfläche goldbraun ist. Abkühlen lassen und zum Servieren aus der Pfanne nehmen..

Möhrenkuchen
Bolo de Cenoura

Für 1 Kuchen

FÜR DEN TEIG
3 Möhren
100 ml Rapsöl
4 Eier
400 g Zucker
500 g Weizenmehl
1 EL Backpulver

FÜR DIE GLASUR
1 EL Margarine
3 EL Kakaopulver
200 g Zucker

Kokosraspel, zum Garnieren, nach Belieben

AUSSERDEM
Springform (ø 28 cm) oder kleine Kuchenförmchen, nach Belieben
Margarine und Mehl für die Form

Den Backofen auf 180 °C vorheizen. Die Form einfetten und mit Mehl ausstäuben.

Für den Teig die Möhren schälen und reiben. Zusammen mit Öl und Eiern in einem Mixer verrühren.

Den Zucker zugeben und 5 Minuten weiterschlagen.

Die Masse in eine Schüssel geben und das Mehl unterrühren. Dann das Backpulver vorsichtig unterheben.

Den Teig in die Springform bzw. in die Förmchen geben und im Ofen 40 Minuten backen. Dann den Kuchen herausnehmen und abkühlen lassen.

Für die Glasur alle Zutaten in einen Topf geben und aufkochen, dabei ständig rühren, bis eine Masse mit cremiger Konsistenz entsteht.

Den abgekühlten Kuchen damit überziehen und nach Belieben mit Kokosraspeln bestreuen.

Maracuja-Mousse
Mousse de Maracujá

Für 12 Portionen à ca. 50 ml
FÜR DIE MOUSSE
250 ml Crème fraîche
250 ml Kondensmilch
300 ml Passionsfruchtsaft (ohne Kerne und ohne Zuckerzusatz)

FÜR DIE SOSSE
250 ml Passionsfruchtsaft mit Kernen
2 EL Zucker

Tipp
Wer den Passionsfruchtsaft selbst herstellen möchte, püriert für die Mousse frisches Passionsfruchtmark und streicht es anschließend durch ein Sieb, um die Kerne zu entfernen.

Für die Mousse alle Zutaten in einen Mixer geben und zu einer glatten Creme verarbeiten. Anschließend in Gläschen verteilen.

Für die Soße den Passionsfruchtsaft mit Kernen mit dem Zucker in einem kleinen Topf erwärmen, bis der Zucker sich aufgelöst hat.

Die Soße auf die Creme in den Gläschen geben und die Gläschen vor dem Servieren 4 Stunden in den Kühlschrank stellen, damit die Mousse fest werden kann.

Caipirinha

Für 1 Glas
1 Bio-Limette
3 TL weißer Zucker
50 ml Cachaça

AUSSERDEM
Holzstößel
Eiswürfel

Die Limette heiß abwaschen, trocken tupfen und in vier bis sechs Schnitze schneiden. Weiße Teile am Fruchtfleisch entfernen.

Die Limettenstücke mit dem Zucker in ein Glas geben und mithilfe des Holzstößels ausdrücken.

Das Glas mit Eiswürfeln auffüllen und den Cachaça angießen.

rezept

KARTOFFEL-CURRY-GRATIN MIT GEBRATENER SCHINKEN-PUTENBRUST – CHARLYS CURRY-SCHMACKOFATZ

CHARLY:

In Gedanken ist er manchmal schon weit weg: Auf der kleinen Insel in Thailand, wo Anke und er ein Haus haben.

»Rock 'n' Roll und fette Beute!«
Lebensmotto

Dorthin werden sie gehen, wenn hier alles erledigt ist.

Zusammen alt werden, wenn man das bei Charly Jungbluth überhaupt annehmen kann: dass er alt wird. Denn wenn ein Name jemals vorhergesagt hat, was ein Leben ausmacht, dann ist Jungbluth einer der offensichtlichsten Kandidaten.

Mit Blut hat er fast jeden Tag zu tun – er betreibt eines der bekanntesten Tattoo-Studios Deutschlands, wobei er selbst ausschließlich pierct. Und jung ist er wahrscheinlich doch einfach für immer. Und eben Charly, den jeder hier im Karoviertel kennt und mag. Neben allem anderen ist Charly auch so etwas wie eine Institution. Wenn er wirklich irgendwann weggehen sollte, dann wird das für viele ein Zeichen sein, dass sich hier endgültig alles zum Schlechteren gewendet hat. Aber bis dahin ist es hoffentlich noch ein bisschen hin.

CHARLY

Es gibt wenig, was zwei Menschen tun können, das intimer ist als tätowieren oder piercen. Es geht unter die Haut. Wahrscheinlich muss man Menschen mögen, um sie stechen zu können. Bei Charly ist es so: In seinem Laden sind häufig wechselnde Tätowierer aus aller Welt zu Gast, die dort arbeiten, voneinander lernen und dann weiterziehen, oft weit weg. Ein bisschen Jungbluth gibt es von Neuseeland bis Los Angeles überall – auch wenn er selbst selten Grund sieht, sein Viertel zu verlassen, wenn es nicht gerade nach Thailand geht. Normalerweise ist er nur hier unterwegs, gemeinsam mit Hund Betty, und lässt die Welt zu sich kommen. Und sie kommt: Die Tattoo-Gemeinde ist ein globales Stadtviertel, und Charly ist auch dort so bekannt wie seine Betty im Karoviertel. Nähe hat nichts mit Entfernung zu tun. Und schon gar nichts mit körperlicher Nähe: Wen Charly wirklich mag, für den macht er etwas, das noch intimer ist, als ihn mit einer Nadel zu stechen: Er kocht für ihn seinen besonderen Charly-Auflauf. Mehr Nähe geht nicht. Auf keine Distanz.

»Charly ist ein sensibler Mensch mit einem großen Herzen – auch wenn er auf manche erst einmal nicht so wirkt.« Elissavet Patrikiou

Kartoffel-Curry-Gratin mit gebratener Schinken-Putenbrust »Charlys Curry-Schmackofatz«

Für ca. 6 Personen

FÜR DAS KARTOFFEL-BANANEN-GRATIN
1,5 kg festkochende Kartoffeln
5 Bananen
2 Kugeln Mozzarella
300 g Crème fraîche
400 ml Sahne
1 EL gelbe Currypaste
Salz und frisch gemahlener schwarzer Pfeffer

FÜR DIE MAISBEILAGE
2 Dosen Mais (à 300 g)
1 EL Butter
½ EL Zucker

FÜR DAS PUTENSTEAK MIT SERRANOSCHINKEN
1,2 kg Puten- oder Hähnchenbrustfilets
12 Scheiben Serranoschinken
frisch gemahlener schwarzer Pfeffer
Sesamöl zum Braten
Baguette zum Servieren

AUSSERDEM
Auflaufform
Butter für die Form

Den Backofen auf 180 °C vorheizen.

Für das Gratin Kartoffeln und Bananen schälen, dann in Scheiben schneiden. Den Mozzarella in kleine Stücke schneiden.

Crème fraîche, Sahne und Currypaste in einer Schüssel gut miteinander verrühren. Nach Geschmack mit Salz und Pfeffer würzen.

Die Auflaufform mit Butter einfetten und eine Schicht Kartoffelscheiben gleichmäßig darin verteilen. Eine Schicht Bananenscheiben daraufgeben und so lange weitermachen, bis Kartoffeln und Bananen aufgebraucht sind.

Die Sahnemischung gleichmäßig darüber verteilen und mit dem Mozzarella belegen.

Das Gratin im Ofen auf mittlerer Schiene ca. 35 Minuten backen, bis die Kartoffeln gar sind. Falls der Käse zwischenzeitlich zu dunkel wird, mit etwas Alufolie abdecken.

Für die Maisbeilage den Mais in einem Sieb abtropfen lassen. Die Butter in einem Topf schmelzen lassen, Mais und Zucker zugeben und einige Minuten erhitzen, bis der Mais heiß ist.

Für das Putensteak mit Serranoschinken das Fleisch in zwölf gleich große Stücke schneiden. Die Stücke mit je 1 Scheibe Schinken umwickeln und von beiden Seiten mit Pfeffer würzen.

Das Sesamöl in einer Pfanne erhitzen und die Putenbrust Päckchen von beiden Seiten je ca. 4 Minuten bei mittlerer Hitze braten, bis sie gar sind.

Wichtig: Zuerst die Seite anbraten, an der der Schinken »offen« ist, damit die Päckchen nicht auseinanderfallen bzw. der Schinken sich löst.

Alles auf dem Tisch anrichten, sodass sich jeder davon nehmen kann. Dazu schmeckt Baguette.

rezepte

HALLOWEEN-KÜRBISSUPPE
HOKKAIDOKÜRBIS VOM BLECH MIT KNUSPRIGEM BACON
BRATÄPFEL
VANILLESOSSE
GLÜHWEIN

KAREN & VIJAY:

Sie kochen jeden Tag. »Ich kann nicht verstehen, wie man fürs Kochen und Essen keine Zeit haben kann«, sagt Vijay, »man kann das, was man im Job machen muss, sowieso nur eine begrenzte Zeit machen.«

»Ich glaube, dieses maßlose Überstundenschieben gerade auch in kreativen Berufen ... die Leute machen sich was vor. Ich bin mir hundertprozentig sicher: Wenn man sich zwischendurch eine Stunde in die Küche stellt oder eine Stunde in Ruhe essen geht, schafft man an dem Tag trotzdem genauso viel, als wenn man nur am Schreibtisch ein Brötchen isst – außer natürlich, man trinkt zum Mittag zwei Flaschen Wein, das macht dann schon einen Unterschied.«

Er weiß, wovon er spricht: Gemeinsam mit seiner Frau Karen gibt er das Genussmagazin »Effilee« heraus – das Kochen ist also auch ein Stück weit Beruf geworden. »Das hilft natürlich«, sagt er, »weil man einfach gezwungen ist, immer wieder Neues auszuprobieren. Aber wir kochen ganz selbstverständlich jeden Tag.«

»Durch das Magazin kriegt man ein Gefühl dafür, was gut aussieht, und das behält man bei, selbst wenn man es gar nicht fotografieren möchte. Selbst wenn ich für die Kinder koche, klatsche ich das Essen nicht mehr auf den Teller, sondern arrangiere es auch nach Auge. Klar, wir beschäftigen uns zwölf Stunden am Tag mit Essen und Trinken.«

»Uns macht es Spaß, gemeinsam zu essen. Wenn unsere Nachbarin Ingrid kocht, freue ich mich den ganzen Tag darauf. Man kommt zusammen und sitzt zusammen, es führt zusammen. Wir machen das häufig – vielleicht hat es mit dem Alter zu tun, aber für mich ist es der schönste Zeitvertreib, mit Leuten zu kochen und zu essen.«

Die offene Küche ist der Mittelpunkt ihres Hauses, wenn nicht physisch, dann doch spürbar – von hier kommt die Energie.

»Wir nehmen uns die Zeit zum Kochen«, sagt Karen, »und ich glaube, die Zeit fehlt nicht beim Rest des Tages, sondern hilft dabei, produktiv zu sein.« Und das Schönste für sie ist, wenn man hinterher um den Tisch zusammensitzt und isst, wie heute mit Ingrid, der Nachbarin.

Für Vijay ist das Kochen Entspannung, Herausforderung und Lebensphilosophie zugleich.

»Es ist vielleicht die Primärtugend des Menschen schlechthin. Es gibt keine einzige Entwicklung und keine Entdeckung, die so viel zur Menschwerdung beigetragen hat wie das Kochen und die auch so viel zur Identität beiträgt – zu dem, wer man ist.«

Halloween-Kürbissuppe

Für ca. 4 Personen
ca. 500 g Kürbisfruchtfleisch
1 Zwiebel
1–2 Knoblauchzehen, nach Belieben
Olivenöl
Bio-Zitronenabrieb, Chilipulver, Salz und
frisch gemahlener schwarzer Pfeffer zum Abschmecken
Gemüsebrühe
8–10 gebratene Baconstreifen und
Kürbiskerne zum Servieren

Den Kürbis schälen, halbieren, Kerne und Fasern herauskratzen. Das Fruchtfleisch klein schneiden. Zwiebel und Knoblauch nach Belieben schälen und in Würfel schneiden.

Etwas Olivenöl in einem großen Topf erhitzen und Zwiebeln und Knoblauch darin anschwitzen. Die Kürbiswürfel dazugeben und gut mit Wasser bedecken; 30–45 Minuten köcheln lassen, bis der Kürbis gar ist.

Anschließend pürieren und das Kürbismus mit Zitronenabrieb, Chili, Salz und Pfeffer abschmecken. Die Gewürze können gut variiert werden, je nachdem was der Vorratsschrank hergibt.

Mit so viel Brühe auffüllen, bis die gewünschte Konsistenz erreicht ist.

Die Suppe auf Schalen verteilen und mit Baconstreifen und Kürbiskernen garniert servieren.

Tipp
Besonders lecker zum gebackenen Kürbis schmecken kleine Krabbenbaguettes: Dazu einfach Baguette oder anderes Brot in Scheiben schneiden und mit Mayonnaise bestreichen. Mit Krabben belegen und mit etwas Zitronensaft beträufeln oder ein kleines Stück Zitronenfilet auflegen.

Hokkaidokürbis vom Blech mit knusprigem Bacon

Für 4–5 Personen
1–2 Hokkaido-Kürbisse
4 EL Olivenöl plus etwas zusätzlich für die Kerne
½ TL Chilipulver
Salz und frisch gemahlener schwarzer Pfeffer
1 Prise Zucker
8 Scheiben Bacon

Den Backofen auf 200 °C vorheizen.

Den Kürbis waschen, halbieren, Kerne und Fasern herauskratzen. Die Kerne abwaschen, von Resten der Fasern befreien und zur Seite stellen. Das Kürbisfleisch in Spalten schneiden und auf einem Stück Backpapier verteilen.

Olivenöl, Chili, Salz, Pfeffer und Zucker in einer Schüssel verrühren und über den Kürbis gießen. Das Papier zusammennehmen, um so Kürbis und Würzöl gut miteinander zu vermischen, bis alles gut damit überzogen ist. Auf ein Backblech legen.

Im Ofen 30–40 Minuten backen, bis der Kürbis weich geworden ist.

Den Bacon in einer Pfanne knusprig auslassen.

Die Kürbiskerne mit Olivenöl beträufeln und nach Geschmack salzen. Im Ofen rösten, bis sie goldbraun sind.

Kürbis, Bacon und geröstete Kerne zusammen servieren.

»Wenn ich koche, dann ja sowieso immer schon drei Gänge, weil in dieser Familie jeder irgendwas anderes isst. Da musst du dich anpassen an das, was die wollen.«

Und das Essen gehört zum Kochen untrennbar dazu, oder besser noch: das Teilen der Mahlzeit. »Es geht bei unserer Art zu leben ein bisschen verloren, dass jeder Mensch, jede Kreatur eigentlich nichts anderes zu tun hat, als dafür zu sorgen, dass er – und allerhöchstens noch der Nachwuchs – was zu Fressen hat. Das ist, was alle Lebewesen tun, einschließlich Pflanzen und Einzeller. Das Besondere am Menschen ist, dass er das offensichtlich immer schon gemeinsam gemacht hat. Das machen nicht so viele Tiere. Beim gemeinsamen Essen herrscht eine ganz andere Offenheit, weil man alles hat, was man braucht. Es ist alles da! Sobald alle sitzen, hat man sich darauf geeinigt, dass man teilt, was man hat: Das gemeinsame Essen ist die erste Form der Gemeinschaft.«

Wenn er könnte, dann würde er noch mehr kochen.

»Ich beneide Köche in Restaurants darum, dass sie ihre Rezepte jeden Tag besser machen können. Ich versuche schon, zu optimieren, was ich koche, und ich kann an einer Vanillesoße lange tüfteln. Aber wie oft mache ich eine Vanillesoße? Das ist der Nachteil des Amateurs: dass alles beim ersten Mal sitzen muss.«

Bratäpfel

Für 4 Personen
4 Äpfel (Boskop oder eine andere säuerliche Variante)
100 g Marzipan
50 g Butter
1 EL brauner Zucker
2 EL gehackte Mandeln
1 gemahlenes Lorbeerblatt
Mark von **½** Vanilleschote
Zimt
gemahlene Nelken
gemahlener Szechuanpfeffer

Den Backofen auf 160 °C vorheizen. Von den Äpfeln konisch einen Deckel abschneiden, anschließend das Kerngehäuse mit einem Kugelausstecher entfernen.

Die übrigen Zutaten nach Geschmack miteinander verkneten und die Äpfel damit füllen. Den Deckel wieder aufsetzen und die Äpfel im Ofen 45 Minuten braten. Die Vanillesoße (siehe rechte Seite) dazu servieren.

Vanillesoße

Für 4 Personen
1 Vanilleschote
1 Kaffeebohne
300 ml Milch
4 Eigelb
60 g Zucker

Die Vanilleschote mit einem Messer aufschlitzen und das Mark mit dem Messerrücken herauskratzen. Mark, Schote sowie die Kaffeebohne mit der Milch in einen Topf geben und aufkochen. Dann vom Herd nehmen und 10–15 Minuten ziehen lassen.

Eigelbe und Zucker mit einem Schneebesen oder dem Handrührgerät schaumig aufschlagen. Vanilleschote und Kaffeebohne aus der aromatisierten Milch nehmen. Einen Schöpflöffel Milch zur Ei-Zucker-Mischung geben, gut verrühren und diese Eiermasse in den Topf zu der restlichen Milch geben.

Ein Becken mit kaltem Wasser – am besten Eiswasser – vorbereiten und zurechtstellen.

Die Eiermasse unter gleichmäßigem Rühren auf 85 °C erhitzen; um den richtigen Moment zu erkennen, taucht man einen Holzlöffel oder einen Silikonspatel in die Soße, nimmt ihn heraus und bläst darauf. Wenn dabei ein rosenförmiges Muster entsteht, ist die Temperatur erreicht.

Den Topf dann im Eiswasser abkühlen, dabei weiterrühren. Die Soße schmeckt am besten, wenn man sie frisch genießt.

Glühwein

Für 700 ml
80–100 g Zucker
1 Flasche (700 ml) Riesling Kabinett
1 Zimtstange
4 Nelken
1 Chilischote
3–4 Szechuan-Pfefferkörner
½ Vanilleschote
1 Lorbeerblatt
3–4 Scheiben frischer Ingwer, geschält
1 Sternanis
Zesten von **1** Bio-Orange

Den Zucker mit 100 Milliliter Wein, Zimt, Nelken, Chili, Szechuanpfeffer, Vanilleschote und Lorbeer in einen Topf geben und 5 Minuten sirupartig einkochen lassen.

Dann den restlichen Wein sowie die restlichen Gewürze zugeben und vorsichtig auf Trinktemperatur erhitzen.

»Wenn man in einer zunehmend abstrakten Welt lebt, tut es gut, wenn man auch noch Dinge mit der Hand macht.«

rezepte

DÄMPFKNÖDEL – BÁNH BAO
GEFÜLLTE BETELBLÄTTER MIT SÜSSSAURER LIMETTENSOSSE – BO LA LOT
VIETNAMESISCHE NUDELSUPPE MAMA – PHO BO MAMA

BAO:

»Zeit kann man nicht ersetzen. Eine gute Brühe zu machen dauert länger als einen Tag. Wenn man es gut machen will, gibt es keine Abkürzungen.«

Dämpfknödel
Bánh Bao

Für 15 Stück

FÜR DIE KNÖDEL
500 ml Milch
1 Hefewürfel (42 g)
5 EL Zucker
1 kg Weizenmehl
2 EL heller Essig

FÜR DIE FÜLLUNG
gegrillter Schweinebauch, in Scheiben
   (alternativ: Tofuscheiben)
Frühlingszwiebeln, gehackt
Koriander, gehackt
Sojasoße
schwarze Sesamsamen

Tipp
Auch Reisnudeln, frischer Salat und Möhrenraspel eignen sich gut als Füllung.

Für die Knödel die Milch in einen Topf geben und erwärmen. Dann die Hefe hineinbröckeln und den Zucker zugeben. Gut durchrühren, bis sich alles aufgelöst hat.

Das Mehl auf die Arbeitsfläche häufen und die Hefemilch daraufgießen. So lange durchkneten, bis eine zähe Teigmasse entsteht. Das dauert ca. 20 Minuten.

Den Teig ca. 10 Minuten ruhen lassen; im Winter am besten in der Nähe der Heizung. Anschließend mit einem Küchentuch 10 Minuten abdecken.

Nach dieser Zeit den Teig in faustgroße Stücke portionieren.

In einem Topf Wasser zum Kochen bringen und den Essig ins kochende Wasser geben. Zum Dämpfen am besten einen Bambusdämpfkorb verwenden, den man in jedem Asiamarkt bekommt. Alternativ einen Kochtopf mit Dämpfeinsatz nehmen. Die Teigstücke einlegen, dabei etwas Platz dazwischen lassen, da die Knödel noch aufgehen. Nach ca. 15 Minuten sind sie fertig.

Die Knödel aufschneiden und nach Lust und Laune mit Schweinebauch oder Tofu, Frühlingszwiebeln, Koriander, Sojasoße und schwarzem Sesam belegen.

Gefüllte Betelblätter mit süßsaurer Limettensoße Bo la lot

Für 20 Stück

FÜR DIE GEFÜLLTEN BETELBLÄTTER
20 Betelblätter (asiatisches Pfefferblatt)
1 Zwiebel
3 Knoblauchzehen
1 Stück Ingwer (2 cm)
1 Chilischote
2 Stängel Zitronengras
500 g Rinderhackfleisch
3 EL Fischsoße
Pflanzenöl zum Braten

FÜR DIE SÜSSSAURE LIMETTENSOSSE
1 Knoblauchzehe
1 Chilischote, nach Belieben
2 EL Zucker
4 EL Fischsoße
1 Limette
Koriander, Minze, Sojasprossen zum Servieren

AUSSERDEM
Bambusspieße oder Zahnstocher

Für die gefüllten Betelblätter die Blätter kurz in kochendem Wasser blanchieren, dann mit kaltem Wasser abschrecken und die Stiele abschneiden.

Zwiebel, Knoblauch sowie Ingwer schälen und fein hacken. Die Chili waschen, den Stiel abschneiden und den Rest fein hacken. Die harten äußeren Blätter des Zitronengrases entfernen und den Rest ebenfalls fein hacken.

Alles in einer Schüssel mit dem Hackfleisch vermengen und mit der Fischsoße würzen. Ca. 3 Stunden im Kühlschrank ziehen lassen.

Die Blätter auf der Arbeitsfläche auslegen und die Füllung darauf verteilen. Vorsichtig zusammenrollen und mit Bambusspießen oder Zahnstochern fixieren, damit die Röllchen beim Grillen oder Braten nicht auseinanderfallen.

Die gefüllten Betelblätter entweder auf den Grill legen oder in etwas Öl braten, bis die Blätter sich etwas dunkler verfärben; das dauert ca. 3 Minuten von jeder Seite.

Für die süßsaure Limettensoße den Knoblauch schälen und fein hacken. Nach Belieben die Chili ebenso. Zusammen mit dem Zucker in einem Mörser zu einer Paste zerstoßen.

Fischsoße und 6 Esslöffel heißes Wasser unterrühren, bis sich der Zucker aufgelöst hat. Die Limette durch ein Sieb auspressen und den Saft dazugeben.

Die gefüllten Betelblätter mit der Soße servieren. Wer mag, richtet sie auf frischen Käutern wie Koriander und Minze sowie Sojasprossen an.

Tipp
Die Holzspieße vor der Verwendung ca. 30 Minuten in Wasser einlegen, so verbrennen sie beim Grillen nicht.

Vietnamesische Nudelsuppe Mama
Pho Bo Mama

Für 6 Personen

FÜR DIE SUPPE

1 Zwiebel
1 **Stück** Ingwer (2-3 cm)
1 **kg** Suppenknochen und Beinscheiben
500 g Rinderbrust
1 **TL** Pfefferkörner
3 **EL** Salz
3 **EL** Zucker
2-3 Sternanis
1 Zimtstange

FÜR DIE EINLAGE PRO SCHÜSSEL

2 **Handvoll** Reisnudeln (Pho)
1 **Handvoll** Koriander
1 Frühlingszwiebel
2-3 dünn geschnittene Zwiebelscheiben
3-4 dünn geschnittene Rumpsteakscheiben
1 **Handvoll** Sojasprossen, nach Belieben

Für die Suppe die Zwiebel halbieren, den Ingwer in Scheiben schneiden und beides in einer Pfanne ohne Öl anrösten.

Suppenknochen und Beinscheiben in einen Topf geben und mit Wasser bedecken, das Wasser aufkochen und ca. 5 Minuten kochen lassen. Danach abgießen und die Trübstoffe abspülen.

Beinscheiben, Rinderbrust, Ingwer, Zwiebel, Pfefferkörner, Salz und Zucker hineingeben und mit ca. 4 Litern Wasser auffüllen. Den Topf mit dem Deckel abdecken, das Wasser aufkochen und alles bei geringer Hitze 2-3 Stunden köcheln lassen, dabei immer wieder die aufsteigenden Trübstoffe abschöpfen.

Den Deckel abnehmen, Sternanis und Zimt dazugeben und alles offen auf ca. 2 Liter reduzieren lassen. Anschließend abschmecken und gegebenenfalls nachwürzen.

In der Zwischenzeit die Reisnudeln in heißem Wasser blanchieren und auf die Suppenschalen verteilen.

Den Koriander abbrausen, trocken tupfen, die Blättchen abzupfen und hacken. Die Frühlingszwiebel putzen und in Ringe schneiden.

Alle Zutaten für die Einlage auf die Nudeln in der Schale legen und mit dem heißen Fond übergießen, damit das rohe Fleisch leicht gegart wird. Nach Belieben mit Sojasprossen bestreut servieren.

20 Dinge, die man lernt, wenn man Zeit mit Bao verbringt

1. Es ist möglich, in jedem einzelnen Detail ein Ästhet zu sein.
2. Ein vietnamesisches Deli kann skandinavisch eingerichtet sein.
3. Und es kann Bossa nova laufen.
4. Wahrscheinlich sollte es das sogar (siehe Punkt 1).
5. Man kann, wie Baos Eltern, gleichzeitig ein vietnamesisches Restaurant und acht Kinder haben. Es ist nur unglaublich viel Arbeit.
6. Acht Kinder sind keine Garantie dafür, dass eins der Kinder das Restaurant übernimmt.
7. Dass man sein Restaurant verkauft, weil keines der eigenen acht Kinder es übernehmen will, schützt nicht davor, dass eines der Kinder Jahre später ein vietnamesisches Deli aufmacht.
8. Vietnamesische Eltern machen keine Kompromisse, wenn es um vietnamesische Küche geht.
9. Eine gute Brühe kann man nicht an einem Tag kochen.
10. Es steht in keinem Rezept vernünftig, in welcher Reihenfolge und wann genau man Gewürze in eine Brühe macht. So etwas wissen nur die besten Köche. Und Mütter.
11. Es gibt wenig Besseres auf der Welt als eine perfekte Brühe.
12. Manchmal werden die besten Restaurants von Musikern geführt.
13. Familie ist das Wichtigste.
14. Es gibt in der vietnamesischen Küche wunderbare Knödel.
15. Doch, ernsthaft!
16. Man muss kein Tischler sein, um ein Restaurant auszubauen, nur lernfähig.
17. Und Zeit mitbringen, weil man vieles zweimal tun wird.
18. Mindestens zweimal.
19. Schweinebauch mariniert man auch mindestens zweimal, bevor man ihn langsam gart, damit er zart wird. Sehr langsam. Zeit kennt keinen Ersatz.
20. Man hört nie auf, Musiker zu sein.

rezepte

BOHNENPÜREE – FAVA
MOHNBROT
BOHNENSALAT MIT ESTRAGON UND MINZE
PERSISCHER EIERKUCHEN – KUKU SABZI
GRIECHISCHER BAUERNSALAT – CHORIATIKI
ZUCCHINIBRATLINGE – KOLOKITHOKEFTEDES
HIMBEEREN MIT SAHNE UND BAISER
EISTEE

ALEX, KATJA & MONTY:

Es sind ein paar Treppenstufen hinab, dann öffnet sich eine neue Welt: Bunt und wild, und vor allem das, was in der Marktstraße im Hamburger Karolinenviertel eine Art Credo ist, das Motto, das über allem schwebt – eigen.

Viele der Läden liegen im Souterrain, zwei oder drei Stufen unterhalb des Gehwegs, und jeder einzelne ist einmalig in jedem Sinne des Wortes: Es gibt keine Ladenketten hier, und in den Läden sind handgemachte Einzelstücke die Regel. Vielleicht ist das die beste Beschreibung der Marktstraße: Es ist ein Ort, an dem Ausnahmen die Regel sind.

Katja, Alex und Monty haben hier ihre Geschäfte. Monty bedruckt Shirts und Jacken in einem aufwendigen Siebdruckverfahren mit Grafiken und Texten. Alex betreibt im hinteren Teil des Ladens, dem »Holy Moly«, ihren eigenen, sehr eigenen Friseursalon. Und Katja näht und verkauft ein paar Schritte weiter in ihrem Laden »Alpenglühen« ihre Mode und Accessoires, die bis ins kleinste Detail die wilde, überbordende Kreativität eines Menschen versprühen, der sich nicht in Formen pressen lässt. Es sind Orte, die geschaffen wurden, Abbild der Frauen, die sie zum Leben erwecken. Sie treffen sich in den warmen Monaten nicht selten draußen auf einen Kaffee, und sie könnten Wappenfiguren der Straße sein: Drei ganz unterschiedliche Frauen, die hier ihre Kinder großziehen, Geschäfte führen, ihre Kreativität ausleben – und dabei auch eine Gemeinschaft bilden.

Sie alle drei haben hier ihr Zuhause gebaut und gleichzeitig einen Teil des Herzens in der Ferne. Montys Wurzeln liegen in Persien, Alex' in Griechenland und Katja ist in Gedanken auf dem Ozean bei ihrem Mann, der als Küchenchef eines Kreuzfahrtschiffes die Weltmeere bereist. Und weil Liebe durch den Magen geht, auch die Liebe zu fernen Orten und den Menschen, die man vermisst, ist ihr Gastmahl eine genauso bunte Mischung, wie sie selbst es sind. So viele verschiedene Geschmäcker, so viele verschiedene Arten Freude und Lachen.

Mit ihrer eigenwilligen wie eigenartigen Mischung ist die Marktstraße nicht nur Refugium, sie ist auch eine Aufforderung: Come as you are, wie es in dem Nirvana-Song heißt – komm, wie du bist –, aber die Marktstraße hängt noch den Halbsatz hintendran: aber auch nur dann. Das ist nicht nur eine Einladung, sondern auch eine Herausforderung, und das macht es nicht immer leichter. Während sich das gefälligere Schulterblatt - wie ironischerweise die Straße heißt, die das Rückgrat des Schanzenviertels bildet – fünf Minuten entfernt längst zu einem Shopping-, Ausgeh- und Touristenzentrum entwickelt hat, kämpfen die Ladenbetreiber in der hyperindividualistischen Marktstraße einen härteren Kampf. Den ganz eigenen Weg zu gehen ist nie der leichteste Weg. Umso besser, wenn man ihn auch gemeinsam gehen kann. Wie die drei Frauen, die lachend vor dem Laden sitzen und alles gleichzeitig sind: ganz eigen und dabei zusammen. Und wir sind eingeladen. So, wie wir sind.

Eine buntere Mischung als hier kann es nicht geben: Menschen aller Farben, Formen und Größen. Und die Erfahrung: Wenn jeder eine andere Geschichte mitbringt, gibt es für alle viel mehr Gegenwart.

Bohnenpüree
Fava

Für ca. 4 Portionen als Vorspeise
250 g Favabohnen (Saubohnen)
1 Zwiebel
Salz
Olivenöl
frisch gemahlener schwarzer Pfeffer

ZUM GARNIEREN
½ rote Zwiebel, Olivenöl, Zitronensaft

Tipp
Die Favabohnen kann man einfach im Internet bestellen; ich bringe meine aus Griechenland mit.

Die Bohnen gut waschen und mit 750 Milliliter kaltem Wasser zum Kochen bringen. Die Hitze reduzieren und die Bohnen ca. 40 Minuten gar kochen. Beim Kochen entsteht an der Oberfläche ein ziemlich fester weißer Schaum. Diesen unbedingt entfernen.

Die Zwiebel schälen und in Stücke schneiden. Nach dem ersten Entfernen des Schaums - oder nach ca. 10 Minuten - die Zwiebel zufügen und salzen. Eventuell noch etwas Wasser zugeben.

Wenn die Bohnen gar sind, zerfallen sie fast von selbst. Noch cremiger wird es, indem man sie mit etwas Olivenöl fein püriert. Zum Schluss mit Salz und Pfeffer abschmecken.

Die Creme anrichten und mit geschnittenen rohen Zwiebeln, etwas Olivenöl und Zitronensaft garnieren.

Mohnbrot

Für 1 Brot
1 Pck. Trockenhefe
1 TL brauner Zucker
300 ml lauwarme Milch
500 g Weizenmehl
4 EL gemahlene Mohnsamen
1 Prise Salz

Hefe und Zucker in einer Schüssel in der Milch auflösen. Das Mehl dazugeben, leicht vermischen und mit einem Tuch abdecken. Ca. 30 Minuten an einem warmen Ort gehen lassen. Danach den Teig gut durchkneten und nochmals ca. 20 Minuten gehen lassen.

Mohnsamen und Salz zugeben und in den Teig kneten. Einen Brotlaib daraus formen und diesen weitere 20 Minuten gehen lassen.

In der Zwischenzeit den Backofen auf 200 °C vorheizen. Den Laib auf ein mit Backpapier ausgelegtes Backblech setzen und im Ofen 1 Stunde backen.

Bohnensalat mit Estragon und Minze

Für 4 Personen
1 Salatgurke
Salz
250 g Kirschtomaten
200 g grüne Bohnen
200g Erbsen (alterativ: TK)
200 g Zuckerschoten
Kerne von 1 Granatapfel oder 2 Pfirsiche, klein geschnitten
6 EL Olivenöl
1 EL Koriandersaat
1 EL Senfsaat
1 TL Schwarzkümmelsamen
1 TL Chiliflocken
6 EL Balsamicoessig plus nach Bedarf mehr
1 rote Zwiebel
1 Bund Rucola
1 kleiner Radicchio
2 EL gehackte frische Minze
1 EL fein geschnittener Estragon
2 EL gehacktes Koriandergrün
Saft und Abrieb von 1 Bio-Zitrone

Die Gurke schälen, in Scheiben schneiden, in eine Schüssel geben und leicht salzen.

Die Kirschtomaten halbieren. Bohnen, Erbsen und Zuckerschoten putzen bzw. palen und blanchieren. TK-Erbsen nur auftauen. Die Zuckerschoten dann in Streifen schneiden.

Tomaten, Bohnen, Erbsen, Zuckerschoten, Granatapfelkerne oder Pfirsichstücke zu den Gurken geben.

2 Esslöffel Olivenöl in einer kleinen Pfanne erhitzen und Saaten, Schwarzkümmel sowie Chiliflocken darin anrösten, dann mit 3 Esslöffeln Balsamicoessig ablöschen. Die rote Zwiebel schälen, halbieren und in Ringe schneiden; ca. 5 Minuten in der Pfanne ziehen lassen. Dann in die Schüssel geben.

Den Rucola verlesen und klein zupfen, den Radicchio in Streifen schneiden. Beides mit Kräutern, Zitronenabrieb, restlichem Öl und Essig unter den Salat heben und mit Salz und Pfeffer abschmecken. Mit Zitronensaft nach Geschmack abrunden.

Persischer Eierkuchen
Kuku Sabzi

Für 8 Portionen

500 g frische Kräuter (z. B. Petersilie, Dill, Koriander, Spinat, Schnittlauch), zu gleichen Teilen gemischt
1 Handvoll Salatblätter nach Wunsch
8 Eier
2 EL Mehl
1 Prise Salz
frisch gemahlener schwarzer Pfeffer
Chilipulver
1 TL Advieh (persische Gewürzmischung)
2 TL gemahlene Kurkuma
3–4 EL Berberitzen
Zucker oder Puderzucker
2–3 EL gehackte Walnüsse
Pflanzenöl zum Anbraten

Tipp
Kuku Sabzi schmeckt wunderbar mit Joghurt und Brot serviert.

Die frischen Kräuter abbrausen, trocken tupfen, die Blättchen abzupfen und fein hacken. Meine Mutter gab noch Salatblätter für etwas mehr Frische hinzu.

Die Eier in einer Schüssel verschlagen und das Mehl dazugeben. Dann gehackte Kräuter und, wenn verwendet, die Salatblätter sowie die Gewürze vermengen und zur Ei-Mehl-Mischung geben.

Die Berberitzen mit etwas Zucker oder Puderzucker in einer Pfanne anbraten und zur Eiermischung geben, ebenso die Walnüsse.

Etwas Öl in einer großen beschichteten Pfanne erhitzen, die Eimasse hineingeben und bei schwacher Temperatur ca. 30 Minuten mit Deckel backen. Nach dieser Zeit den Eierkuchen wenden und weitere 10 Minuten bräunen lassen.

Zum Wenden nahm meine Mutter den Deckel ab, legte einen großen Teller umgewendet auf die Pfanne und drehte sie um, sodass der Eierkuchen auf den Teller stürzte. Dann ließ sie den Eierkuchen mit der gebräunten Seite nach oben wieder in die Pfanne gleiten und backte ihn vollständig aus. Es war toll, ihr dabei zuzuschauen.

Griechischer Bauernsalat
Choriatiki

Für 4 Personen

2 rote Zwiebeln
1 Salatgurke
5 Tomaten
1 grüne Paprikaschote
Salz
75 g schwarze Oliven (die fleischigen aus Griechenland)
150 g Feta
2 EL Kapern
Olivenöl
getrockneter Oregano

Die Zwiebeln schälen und in Ringe schneiden. Einige Zwiebelringe zur Seite legen. Die Gurke schälen und in grobe Stücke schneiden. Die Tomaten vom Stielansatz befreien und ebenfalls grob schneiden. Die Paprika von Samen und Scheidewänden befreien und in Stücke schneiden.

Alles in eine große Schüssel geben und mischen, dann salzen.

Die Oliven darauf verteilen, ein Stück Feta in die Mitte legen und Zwiebeln sowie Kapern darauf drapieren.

Olivenöl und Oregano darübergeben – ganz nach Geschmack. Wichtig: niemals Essig verwenden!

Zucchinibratlinge
Kolokithokeftedes

Für ca. 25 Stück

3 Zucchini
2 Möhren
1 Schalotte
1 EL fein gehackte Petersilie
1 EL fein gehackter Dill
1 TL fein gehackte Minze
150 g Mehl
3 Eier
1 **Handvoll** fein geriebener Hartkäse
   (z. B. Parmesan, Pecorino, Grana Padano)
100 g Feta
Olivenöl zum Anbraten

Die Zucchini grob reiben und gut ausdrücken. Die Möhren schälen und ebenfalls grob raspeln. Die Schalotte schälen und sehr fein hacken, dann mit den Kräutern mischen.

Mehl, Eier, geriebenen Käse, Zucchini und Möhren zu der Zwiebel-Kräuter-Mischung geben. Den Feta darüberbröckeln und vermengen.

Den Boden einer beschichteten Pfanne gut mit Olivenöl bedecken und erhitzen. Aber Achtung, die Teigfladen dürfen nicht im Öl schwimmen.

Die Mischung esslöffelweise mit etwas Abstand in die Pfanne geben und leicht flach drücken.

Bei mittlerer Temperatur 5–6 Minuten von jeder Seite kross anbraten. Die Pfanne sollte nicht zu heiß sein; es sollte zischen, aber nicht spritzen. Auf Küchenpapier legen und das Öl vor dem Servieren abtupfen.

Himbeeren mit Sahne und Baiser

Für ca. 4 Portionen als Nachspeise
250-300 g frische Himbeeren (alternativ: TK)
1 EL Zucker
200 ml Sahne
ca. 200 g Baiser
1 Handvoll Erdbeeren zum Garnieren

Die Himbeeren in eine flache Schale legen und den Zucker darüberstreuen.

Die Sahne steif schlagen und das Baiser mithilfe eines Kartoffelstampfers zerkleinern. Alternativ in eine Plastiktüte geben und mit dem Rollholz zerdrücken.

Die Baiserstückchen mit der Sahne mischen und gleichmäßig über den Himbeeren in der Schale verteilen.

Mit den ganzen Erdbeeren garnieren.

Eistee

Für 4 Liter
4 Beutel Jasmintee
2 Beutel schwarzer Tee
2 Beutel Ginseng-Tee
4 Bio-Zitronen
2 Bio-Limetten
2-3 frische Minzezweige, nach Belieben
brauner Zucker
Eiswürfel, nach Belieben

Ca. 4 Liter Wasser aufkochen und über die Teebeutel in eine Karaffe gießen. Den Tee ca. 10 Minuten ziehen lassen, dann die Beutel herausnehmen.

Zitronen und Limetten heiß abwaschen und anschließend 3 Zitronen und 1 Limette auspressen. Den Saft zum Tee geben.

Die restlichen Früchte in Scheiben schneiden und ebenfalls in den Tee geben.

Die Minze abbrausen und nach Belieben dazugeben. Mit braunem Zucker nach Geschmack süßen und gut durchrühren.

Vor dem Servieren gut durchkühlen, wer mag, gibt noch ein paar Eiswürfel dazu.

rezepte

JOGHURT MIT GURKE – MAST-O CHIAR
AUBERGINEN-BELUGALINSEN-DIP – HALIM BADEMJUN
IRANISCHES FLADENBROT – NUN-E BARBARI
IRANISCHER REIS – POLO
GRANATAPFEL-WALNUSS-ENTE – FESENJUN
REIS MIT BERBERITZEN-HUHN – SERESHK POLO BA MORGH
BLÄTTERTEIG-DATTEL-TASCHEN
SCHOKO-BEEREN-TORTE
SCHARFE MÖHRENCREME MIT GERÖSTETEN PINIENKERNEN
WURZELBROT
TOMATEN-ORANGEN-BUTTER
EINGELEGTER ZIEGENKÄSE
ROTE-BETE-SALAT MIT COUSCOUS UND KRÄUTERN
CHEESECAKE MIT BLAUBEEREN UND ORANGE

JASMIN & LISA:

Zwei Powerfrauen, die zusammen jede ihr eigenes Ding machen: Lisa und Jasmin betreiben in einem verwunschenen Hinterhof gemeinsam einen Catering-Service, »Drei Sommer«.

Es ist ein umrankter, verwunschener Hinterhof in Hamburg-Ottensen, in dem Lisa und Jasmin ihre Werke kreieren.

Lisa hat hier ihren Catering-Service, „Drei Sommer", und beliefert Büros und Gesellschaften, Konferenzen und Feiern. Lisa mit ihrer Energie. Lisa mit den Ideen. Sie hat ein Café aufgebaut, bevor sie mit dem Catering begann. Und davor hat sie die halbe Welt bereist. Und ihr Kopf ist voll mit Gedanken, was sie als Nächstes tun will.

Jasmin, die Konditorin, backt „Torten und Feines", nach den Wünschen ihrer Kunden, aber mit ihrem eigenen Stil. Ganz fein. Auch sie reist, nur das viele ihrer Reisen in ihrem Kopf stattfinden: wenn sie liest, wenn sie arbeitet.

Zwei ganz unterschiedliche Frauen, und doch wieder zwei ganz ähnliche: Neben der Überzeugung für biologische Zutaten und der Lust an allem, was schmeckt, schon auf den ersten Blick deshalb, weil sie bei jedem Essen, das sie zubereiten, immer auch mit dem Auge kochen, backen und arrangieren.

Es ist seltsam, wie selten das erwähnt wird: schönes Essen. Bei den gebackenen Meisterwerken von Jasmin Amiri vielleicht noch am ehesten, da springt es sofort ins Auge – üppige Torten, die wirken wie Bergblumenwiesen im Frühling, Cupcakes mit altklugen Eulengesichtern oder Kuchen mit fein ziselierter Glasur, oft mit persischer Anmutung, wegen ihres Familienhintergrunds. Iranische Gerichte sind es auch, die sie für Freunde kocht – nicht jene, die es in den persischen Restaurants in Deutschland zu essen gibt, sondern das echte iranische Essen, das nach Heimat schmeckt, nach Familie und Tradition.

Schönes Essen. Hier ist es, manchmal vielleicht sogar unbewusst, auch Teil dessen, was „Drei Sommer" ausmacht – von hausgemachtem Vanillequark mit geröstetem Müsli bis zu Fingerfood oder ganzen Hochzeitsbüfetts, und selbst eine Platte Frühstücksbrötchen für eine Tagung kann so schön und besonders aussehen, dass das Auge gerne mitisst.

Vielleicht, weil hier zwei, bei all ihren Unterschieden, eins gemeinsam haben: die Freude an dem, was sie tun.

Joghurt mit Gurke
Mast-o chiar

Für 4 Personen
4 EL getrocknete Minze
500 g Joghurt mit 10 % Fettgehalt
1 Salatgurke (alternativ: 2–3 kleine Gartengurken)
Salz und frisch gemahlener schwarzer Pfeffer

Die Minze in den Händen verreiben, damit sich das Aroma entfalten kann, und anschließend mit dem Joghurt verrühren.

Die Gurke schälen, in kleine Würfel schneiden und ebenfalls unterrühren. Zum Schluss mit Salz und Pfeffer abschmecken.

Auberginen-Belugalinsen-Dip
Halim bademjun

Für 4 Personen
3 Auberginen
100 g schwarze Linsen
Salz und frisch gemahlener schwarzer Pfeffer
1 Zwiebel
2 Knoblauchzehen
Olivenöl
1 Handvoll Walnüsse
2 EL getrocknete Minze
½ TL gemahlener Safran
3 EL Sauerrahm

Die Auberginen mit einer Gabel rundherum einstechen, auf ein Backblech legen und bei 150 °C (Umluft) ca. 40 Minuten weich garen.

Die Linsen gut waschen und in der doppelten Menge Wasser weich kochen. Abgießen und erst danach mit Salz und Pfeffer würzen.

Die gebackenen Auberginen in Würfel schneiden. Zwiebel und Knoblauch schälen und in feine Würfel schneiden.

Etwas Öl in einer Pfanne erhitzen, Zwiebel und Knoblauch kräftig darin anbraten, die Auberginen zugeben und ca. 10 Minuten weiterbraten.

Auberginen und gekochte Linsen fein pürieren. Auf eine Platte streichen und kalt stellen.

Die Walnüsse grob hacken und in einer Pfanne ohne Fett rösten, bis sie beginnen zu duften.

Etwas Öl in einer Pfanne erhitzen. Die getrocknete Minze in der Hand zerreiben und ca. 1 Minute im Öl anbraten. Den Safran mit 2 Esslöffeln heißem Wasser übergießen.

Den Sauerrahm auf dem Auberginen-Linsen-Dip verteilen. Mit Minzöl, Safranwasser und gehackten Walnüssen garnieren.

Iranisches Fladenbrot
Nun-e barbari

Für 4 Personen
375 g Mehl
½ Hefewürfel (21 g)
¼ TL Zucker
1 TL Salz
1 EL Olivenöl
Schwarzkümmelsamen zum Bestreuen

Das Mehl in eine Schüssel geben und eine Mulde hineindrücken. Die Hefe in 25 Milliliter lauwarmem Wasser auflösen; 10 Minuten stehen lassen.

140 Milliliter Wasser, Zucker, Salz, Öl sowie die aufgelöste Hefe dazugeben und alles zu einem sehr weichen Teig verkneten. Bei Bedarf warmes Wasser nachgießen.

Den Teig zu einer Kugel formen und an einem warmen Ort 1½ Stunden gehen lassen.

Den Teig zu zwei Kugeln formen und oval ausrollen. Mit den Fingerspitzen einige Dellen in den Teig drücken. Warmes Wasser darübersprenkeln und weitere 20 Minuten gehen lassen.

In der Zwischenzeit den Backofen auf 230 °C vorheizen. Die Brote mit Schwarzkümmel bestreuen, auf ein mit Backpapier ausgelegtes Backblech geben und im Ofen 15–20 Minuten backen.

Iranischer Reis
Polo

Für 4 Personen
300 g Basmatireis
20 g Salz
40 g Butter

Tipp
Wenn möglich zur Zubereitung dieses Rezeptes einen Reiskochtopf benutzen. Es funktioniert aber auch in einem normalen Kochtopf.

Den Reis unter laufendem Wasser sehr gut abspülen, so lange, bis das Wasser nicht mehr trüb ist. Den Reis dann mit der doppelten Menge Wasser und dem Salz in einem Topf zum Kochen bringen.

Wenn das Wasser fast komplett aufgesogen wurde, die Hitze stark reduzieren und die Butter in Flöckchen auf dem Reis verteilen.

Den Topfdeckel mit einem Geschirrtuch einschlagen; es nimmt den entstehenden Wasserdampf auf. Den Reis weitere 20-30 Minuten weitergaren.

Dann den Reis stürzen, sodass eine Art »Reiskuchen« entsteht. Sollte das nicht funktionieren, den Reis auf eine Servierplatte geben und die am Topfboden entstandene Kruste auf einem separaten Teller servieren.

Nushe jan! (Guten Appetit auf Iranisch.)

Granatapfel-Walnuss-Ente
Fesenjun

Für 4 Personen

FÜR DIE WALNUSSSOSSE
400 g Walnüsse
1 mittelgroße Zwiebel
Rapsöl
1 TL gemahlene Kurkuma
150 ml Granatapfelsirup (türkischer Lebensmittelladen)
Salz

FÜR DIE ENTE
1 Zwiebel
1 EL Rapsöl
1 TL gemahlene Kurkuma
2 große Entenkeulen, halbiert
1 Entenbrust
Salz und frisch gemahlener schwarzer Pfeffer
½ TL gemahlener Safran
3 Lorbeerblätter

Basmatireis zum Servieren

Für die Walnussoße die Walnüsse im Mixer sehr klein hacken. Die Zwiebel schälen und fein hacken. Etwas Öl in einer großen Pfanne erhitzen und die Zwiebel darin anbraten. Kurkuma und Walnüsse dazugeben und kurz mitbraten, dann 500 Milliliter Wasser angießen und abgedeckt ca. 1 Stunde bei geringer Hitze köcheln lassen. Bei Bedarf Wasser nachgießen.

Für die Ente die Zwiebel schälen und vierteln. Das Öl in einer Pfanne erhitzen, die Zwiebel darin anbraten und mit Kurkuma bestreuen. Die Entenstücke zugeben, mit Salz und Pfeffer würzen und Safran sowie Lorbeerblätter zugeben.

Alles ca. 5 Minuten stark anbraten und anschließend 1 Tasse kochendes Wasser angießen. Die Hitze reduzieren und das Fleisch 1 Stunde schmoren lassen.

Die Ente samt Flüssigkeit zu den Nüssen geben. Den Granatapfelsirup zufügen, mit Salz abschmecken und alles weitere 30 Minuten schmoren lassen.

Die Ente mit Basmatireis anrichten.

Reis mit Berberitzen-Huhn
Sereshk polo ba morgh

Für 4 Personen
1 große Zwiebel
Rapsöl
1 TL gemahlene Kurkuma
1 ganzes Huhn oder 4 Hähnchenkeulen
½ TL gemahlener Safran
3 Lorbeerblätter
Salz und frisch gemahlener schwarzer Pfeffer
600 g Basmatireis
250 g Berberitzen
2 EL Butter
2–3 EL Zucker
¼ TL Zimt

Die Zwiebel schälen und vierteln. Etwas Öl in einer Pfanne erhitzen und die Zwiebel darin anbraten. Mit Kurkuma bestreuen und die Hähnchenteile darauflegen. Den Safran in einem Mörser fein mahlen und mit ca. 2 Esslöffeln heißem Wasser verrühren. Diese Mischung zum Huhn gießen; die Lorbeerblätter zugeben. Mit Salz und Pfeffer würzen und ca. 5 Minuten stark anbraten.

1 Tasse kochendes Wasser angießen, die Hitze reduzieren und alles gut 1 Stunde köcheln lassen.

In der Zwischenzeit den Basmatireis sehr gut waschen und in der doppelten Menge Wasser mit 1 Esslöffel Salz kochen. Wenn das Wasser verdampft ist, die Hitze stark reduzieren und bei geschlossenem Deckel weiterdämpfen, bis der Reis gar ist.

Die Berberitzen verlesen. Die Butter in einem kleinen Topf zerlassen und die Berberitzen darin kurz mit dem Zucker karamellisieren. Mit 3 Esslöffeln Bratflüssigkeit des Schmorhuhns ablöschen und den Zimt aufstreuen.

Den fertigen Reis mit dem Huhn und den Berberitzen auf einer Platte anrichten und servieren.

JASMIN

Blätterteig-Dattel-Taschen

Für 10 große oder 20 kleine Taschen
1 Pck. Blätterteig (etwa 275 g)
3 EL Zucker
1 TL Zimt
20 weiche Datteln (türkischer Lebensmittelladen)
1 Eigelb, verquirlt, zum Bepinseln

Den Backofen auf 200 °C vorheizen. Ein Backblech mit Backpapier auslegen.

Den Blätterteig in 10 große oder 20 kleine Quadrate zurechtschneiden. Die Ecken der Quadrate jeweils zu einem Drittel einschneiden.

Zucker und Zimt mischen und die Blätterteigquadrate damit bestreuen.

Die Datteln entsteinen und klein schneiden. Jeweils in der Mitte der Quadrate verteilen und die eingeschnittenen Ecken des Teiges zusammendrücken. Wenn nötig, mit etwas Wasser »festkleben«.

Die Blätterteigtaschen mit Eigelb einpinseln und auf dem Backblech verteilen. Im Ofen ca. 20 Minuten goldbraun backen.

Schoko-Beeren-Torte

Für 1 Torte

FÜR DEN TEIG
260 g Butter
80 g Zartbitterkuvertüre
6 Eier
260 g Zucker
1 Prise Salz
160 g Mehl
80 g Kakaopulver
2 TL Backpulver

FÜR DIE FÜLLUNG
300 g Beeren-Mischung (TK)
120 g Zucker

Mark von **1** Vanilleschote
1 Pck. Vanillepuddingpulver
200 g Butter auf Zimmertemperatur

FÜR DIE GLASUR
100 g Butter
100 g Zartbitterkuvertüre

frische Beeren zum Verzieren

AUSSERDEM
Backform (ø 26 cm)
Butter für die Form

Den Backofen auf 180 °C vorheizen. Die Backform einfetten.

Für den Teig Butter und Kuvertüre im Wasserbad schmelzen. Die Eier mit Zucker und Salz cremig aufschlagen. Dann die Butter-Kuvertüre-Mischung unterrühren. Mehl, Kakaopulver und Backpulver zusammensieben und schrittweise unterheben.

Den Teig in der Form verteilen, glatt streichen und im Ofen ca. 40 Minuten backen; anschließend vollständig abkühlen lassen.

Für die Füllung die Beeren mit Zucker und Vanillemark in einen Topf geben und langsam erhitzen. Sobald die Mischung kocht, das Puddingpulver mit 50 Milliliter Wasser mischen und unter die Beeren rühren. Zur Seite stellen und ebenfalls vollständig erkalten lassen.

Die Butter mit dem Handrührgerät aufschlagen und die erkaltete Beerenmischung nach und nach unterrühren.

Für die Glasur Butter und Kuvertüre im Wasserbad schmelzen. Dabei immer wieder rühren, bis sich eine sämige Masse bildet.

Zum Zusammensetzen der Torte den ausgekühlten Boden mit einem großen, scharfen Messer zweimal durchschneiden, sodass drei Böden entstehen. Den ersten Boden auf eine Servierplatte legen und mit einem Teil der Füllung bestreichen. Einen weiteren Boden auflegen und ebenso verfahren. Wenn alle Böden verarbeitet sind, die Torte rundherum mit der restlichen Füllung bestreichen und 1–2 Stunden kalt stellen.

Die erkaltete Torte mit der Glasur übergießen, alles glatt streichen und mit frischen Beeren belegen.

Scharfe Möhrencreme mit gerösteten Pinienkernen

Für 4–6 Portionen
1 kg Möhren
2–3 EL Olivenöl plus etwas zum Beträufeln
1 EL Butter
Salz
1 Knoblauchzehe
100 g Pinienkerne
Saft und Abrieb von 1 Bio-Orange
frisch gemahlener schwarzer Pfeffer
3 TL Harissa plus etwas zum Bestreuen
Saft und Abrieb von 1 Bio-Zitrone
250 g Joghurt (3,8 % Fettgehalt) oder saure Sahne
1 EL Kastanienblütenhonig oder Ahornsirup

Die Möhren schälen und in Stücke schneiden. Olivenöl und Butter in einer Pfanne erhitzen und die Möhren darin andünsten. Mit ca. 200 Milliliter Wasser aufgießen und etwas salzen. Sobald die Möhren weich sind, die übrige Flüssigkeit abgießen. In einer Küchenmaschine oder mit einem Stabmixer grob pürieren.

Den Knoblauch schälen und mörsern. Die Pinienkerne in einer Pfanne ohne Fett anrösten.

Orangensaft und -abrieb, Knoblauch, Pfeffer, Harissa, die Hälfte des Zitronensafts sowie den Abrieb mit der Möhrencreme verrühren.

Den Joghurt mit dem restlichen Zitronensaft, Honig, etwas Salz und Pfeffer würzen.

Joghurt und Möhrencreme in Gläschen schichten. Mit den Pinienkernen sowie etwas Harissa bestreuen und mit etwas Olivenöl beträufeln.

Wurzelbrot

Für 2-3 Brote
FÜR DEN HAUPTTEIG
600 g Weizenmehl, Type 550 plus etwas zum Verarbeiten
800 g Hartweizenmehl
100 g Roggenmehl, Type 1150
40 g Salz
20 g Frischhefe
10 g Trockensauerteig
200 g Milch, nach Belieben
30 g natives Rapsöl
schwarze Sesamsamen, Kümmel, grobes Meersalz zum Bestreuen

Tipp
Wenn ihr kein Hartweizenmehl bekommt, kann das Mehl auch gegen Grieß ausgetauscht werden, dann aber nur 1,2 kg Weizenmehl und 200 g Hartweizengrieß oder Maisgrieß nehmen.

Den Teig am besten am Vortag zubereiten. Ich verwende für meine Teige immer eine große Knetmaschine. Dafür vermenge ich erst alle trockenen Zutaten mit der Hefe und dem Sauerteigpulver, anschließend 800 Milliliter handwarmes Wasser, nach Belieben Milch sowie das Öl hinzugeben. Den Teig anschließend 10-12 Minuten kneten. Er sollte eher etwas zu feucht als zu trocken sein.

Den Teig in einer Schüssel an einem warmen Ort gehen lassen und zwar so lange, bis eine merkliche Veränderung wahrnehmbar ist. Der Teig sollte in etwa auf die doppelte Größe aufgegangen sein. Dann noch einmal mit der Hand etwas durchkneten und, am besten über Nacht, abgedeckt in den Kühlschrank stellen.

Auf einer bemehlten Arbeitsfläche aus dem Teig zwei oder drei längliche Laibe formen und diese etwas in sich verdrehen. Auf ein Backblech legen und mit schwarzem Sesam, Kümmel und/oder grobem Meersalz bestreuen.

Den Backofen auf 200 °C vorheizen und am besten ein kleines Schüsselchen mit Wasser auf einem zweiten Blech mit in den Ofen geben. Die Brote in den Ofen schieben und 30-40 Minuten backen - je nachdem, wie dunkel man das Brot mag.

Tomaten-Orangen-Butter

Für 500 g Butter
500 g weiche Butter
100 g getrocknete Tomaten in Öl
1 Bund Basilikum
Abrieb von **2 Bio-Orangen** plus etwas Saft
Salz und frisch gemahlener schwarzer Pfeffer

Die Butter in einer Küchenmaschine so lange schlagen, bis sie weiß und luftig wird.

Die getrockneten Tomaten pürieren. Das Basilikum abbrausen, trocken tupfen, die Blättchen abzupfen und in Streifen schneiden.

Alle Zutaten mischen und gut verrühren. Mit Salz und Pfeffer abschmecken. Noch weich in Schälchen füllen und im Kühlschrank aufbewahren.

Eingelegter Ziegenkäse

Für 3-4 Portionen

300 g Ziegenfrischkäse im Aschemantel (alternativ jeder andere Ziegen- oder Schafsfrischkäse)
5-6 getrocknete Feigen
3 Knoblauchzehen
2 getrocknete rote Chilischoten
6-7 frische Thymianzweige
1 TL grüne Pfefferkörner (alternativ: rosa Pfefferbeeren)
500 ml gutes Olivenöl

Den Frischkäse in Scheiben oder Stücke schneiden. Die Feigen in Scheiben schneiden. Den Knoblauch schälen.

Alle Zutaten in ein passendes Gefäß schichten und vor dem Servieren einige Stunden im Kühlschrank ziehen lassen.

Rote-Bete-Salat mit Couscous und Kräutern

Für 4 Personen

1 kg Rote und Gelbe Bete
3 Sternanis
grobes Meersalz
½ Knoblauchzehe
Olivenöl
1 TL Honig
Saft und Abrieb von **1** Bio-Zitrone
Salz und frisch gemahlener schwarzer Pfeffer
je **½** Bund glatte Petersilie, Dill, Koriander, Minze und Estragon
200 g Couscous

Den Backofen auf 180 °C vorheizen. Die Beten mit Sternanis und etwas grobem Meersalz in Alufolie wickeln und im Ofen 60-90 Minuten garen. Die Beten sollten noch bissfest sein.

Die gebackenen Beten auswickeln und abkühlen lassen. Anschließend halbieren und in 3 mm dicke Scheiben schneiden. Den Knoblauch schälen, zerdrücken und hacken. Alles mit 2-3 Esslöffeln Olivenöl, Honig und etwas Zitronensaft vermengen und mit Salz und Pfeffer abschmecken.

Die Kräuter abbrausen, gut trocken schleudern und die Blättchen abzupfen.

Das Couscous mit etwa der doppelten Menge kochendem Wasser übergießen und kurz quellen lassen. Etwas Olivenöl einrühren und ebenfalls mit etwas Zitronensaft und -abrieb sowie Salz und Pfeffer abschmecken.

Die Beten zum Servieren mit Couscous und Kräutern am besten in Gläschen schichten. Lecker dazu schmeckt auch etwas Ziegen- oder Schafskäse, zum Beispiel Feta oder Manouri.

Cheesecake mit Blaubeeren und Orange

Für 1 Kuchen

FÜR DEN BODEN
250 g Haferkekse
50 g Haselnusskerne
150 g Butter

FÜR DIE FÜLLUNG
500 g Frischkäse
200 g Crème fraîche
120 g Zucker
1 Prise Salz
gemahlene Vanille
Saft und Abrieb von 1 Bio-Zitrone
Abrieb und Filets von 2 Bio-Orangen
200 g Blaubeeren
200 g Sahne

AUSSERDEM
Springform (ø 28 cm)

Der Kuchen sollte 24 Stunden im Voraus zubereitet werden, da die Füllung etwas Zeit braucht, um fest zu werden.

Für den Boden die Kekse in der Küchenmaschine zerkleinern. Die Haselnüsse hacken und ohne Fett in einer Pfanne anrösten, bis sie duften. Die Butter in einem kleinen Topf schmelzen. Alle Zutaten vermengen und in einer mit Backpapier ausgekleideten Springform verteilen.

Für die Füllung Frischkäse, Crème fraîche, Zucker, Salz, Vanille nach Geschmack sowie Zitronensaft und -abrieb zu einer homogenen Masse verrühren. Orangenfilets und etwa die Hälfte der Blaubeeren vorsichtig unterrühren. Die Sahne steif schlagen und unter die Frischkäsecreme heben.

Die Füllung auf dem Keksboden verteilen und über Nacht in den Kühlschrank stellen. Vor dem Servieren mit den restlichen Blaubeeren und dem Orangenabrieb dekorieren.

rezepte

MUSCHELN | WURZELN | KNOBLAUCH | SCHEUREBE | ZITRONE | KRÄUTER

LAMMKARREE | OSTFRIESENTEE | BOHNEN | HÜTTENKÄSE | TOMATEN | ERBSEN

FISCH IM GANZEN MIT GLUTKARTOFFELN

WAFFELN AUS DER GLUT | BIRNEN | NELKE | ZABAIONE | ZIMT | BEEREN

FELIX:

Der Mann ist eine Naturgewalt. Man sieht ihn von Weitem, was nicht an ihm liegt, sondern daran, dass man an den langen, feinsandigen Stränden von Norderney alles schon von Weitem erkennt – und er zudem der Einzige ist, der an diesem Tag eine Sondergenehmigung bekommen hat, mit dem Auto über den Strand zu fahren. Felix Wesslers Auto ist eine Art Haus – ein alter Land Rover Defender mit einem Campingausbau – und eine ganze Ecke älter als sein Besitzer.

Felix ist noch keine 30 und schon einer der kreativsten Köche des Landes. Er führt auf Norderney das »Esszimmer«, ein kleines, feines, sehr entspanntes Restaurant, das zu dem längst legendären Hotel »Inselloft« gehört. Aber nicht heute. Heute wird gegrillt. Am Strand. Mit Freunden.

Schon von Weitem hört man James, den alten Geländewagen, und den jungen Fahrer, wie sie sich durch den Sand kämpfen. Mit den Worten: »Na, ihr hübschen Dinger!« kommt der Defender zum Stehen und in der nächsten Sekunde beginnt das Entladen. Felix' Vater ist mit seinem Mann gekommen und beide packen mit an. Seine Freundin Nadine ist dabei, und es kommen im Laufe des Nachmittags immer mehr dazu. »Das Lammfleisch habe ich über Nacht in Tee mariniert«, sagt Felix, »wir sind ja schließlich in Ostfriesland.« Ein paar Leute werden zum Schuppen der Fische eingeteilt. Der erste Wein wird geöffnet. Das Feuer angezündet. Und Felix lacht die ganze Zeit. Einen offeneren, positiveren Menschen findet man auf der ganzen Welt nicht.

Zusammen sitzen, essen, trinken und lachen – die Insel macht es noch deutlicher, als es überall sonst wäre: Eine Gruppe von Menschen um ein Feuer, an einem kleinen Ort in einer großen Welt; ob wir es nun Party nennen oder Abendessen, Grillen oder einfach einen Tag am Strand: Wenn Geschichten erzählt werden und die Muscheln in einem gusseisernen Topf über dem offenen Feuer in ihrem Sud ziehen, die Weinflasche kreist und die Sonne langsam im Meer versinkt, ist jeder Ort der richtige, weil das Wo niemals so wichtig ist wie das Mit wem. Wahrscheinlich ist es das, mehr noch als seine Kochkunst, das Felix zu einem Gastgeber macht – seine Freude strahlt aus.

Es gibt eine besondere Dynamik, wenn Menschen zusammen kochen: Jeder bietet sich an, zu tun, was er kann.

Es ist eine kleine utopische Gesellschaft, die sich wiederholt, wo auch immer eine Gruppe von Menschen

gemeinsam isst. Jeder bringt etwas mit. Jeder steuert bei, was auch immer er kann. Keiner drückt sich, und plötzlich machen Dinge Spaß, die sonst Aufgaben wären. Wenn es ein Feuer gibt, um das man sich versammeln kann, bringt jeder das Beste mit, was er dazu beitragen kann. Manchmal ist das Leben einfach. Und manchmal ist die Antwort auf alles: einfach leben.

Mit der Sonne geht die Hitze und macht Raum für einen warmen Sommerabend – für einen Moment ist jeder in seinen Gedanken versunken. Das hier ist, wieder einmal, der perfekte Tag. Es wird niemals besser sein als heute. Und heute ist nur ein Beispiel dafür, wie es ist, wenn man die Tür aufmacht und einlädt, wer gerade Zeit und Lust hat, dabei zu sein.

»Felix ist für mich jetzt schon einer der besten Köche Deutschlands, und wahrscheinlich wird er mal der Beste sein. Aber viel wichtiger ist: Er ist ein toller Mensch.«
Elissavet Patrikiou

Mit der aufziehenden Dunkelheit werden die Kisten und Töpfe zurückgeladen in das alte Haus auf Rädern, den Geländewagen, der die halbe Welt gesehen hat und dabei überall zu Hause ist, wo er stehen bleibt. Felix ist geschafft und glücklich zugleich, aber sein Lachen ist noch das gleiche wie am Morgen, tief und mitreißend. Er hat ganz sicher mehr Zähne als ein Butterkeks. Peinlich genau achtet er darauf, dass jeder Fitzel Reste und Abfall sauber entsorgt wird. Morgen werden noch Spuren im Sand daran erinnern, dass hier gerade der perfekte Tag zu Ende gegangen ist. Übermorgen sieht man hier draußen nichts mehr davon. Aber jeder, der dabei war, hat die Erinnerung für immer.

FELIX

Muscheln | Wurzeln | Knoblauch | Scheurebe | Zitrone | Kräuter

Für 4 Personen

FÜR DIE MUSCHELN
2 kg frische Miesmuscheln
500 g Meermandeln (Gemeine Samtmuschel)
6–8 Austern
500 ml Scheurebe (Weißwein)
Salz und frisch gemahlener schwarzer Pfeffer
6–10 Wacholderbeeren
5–7 Lorbeerblätter
3 Fenchelknollen
5 Möhren
1 Stange Staudensellerie
1 Bio-Zitrone
1 Bio-Limette
1 Bund Petersilie
1 Knoblauchknolle

FÜR DIE AIOLI
150 g Eigelb
150 g Senf
1–1,2 l Öl (2 Teile Traubenkernöl und 1 Teil Olivenöl) plus etwas zusätzlich
10–14 Knoblauchzehen
200 g getrocknete Tomaten in Öl
Salz, frisch gemahlener schwarzer Pfeffer, Muskatnuss, Worcestersoße
100–150 ml Pfirsich- oder Maracujasaft
gutes Baguette zum Servieren

Für den Muscheltopf benötigt man einen großen Topf mit Hitzequelle; bei uns ist dies ein Gulaschtopf und ein kleines Lagerfeuer. Kochtopf und Herdplatte funktionieren aber auch.

Zuerst die Muscheln von Bart und Verunreinigungen befreien. Ganz wichtig: Muscheln, die schon geöffnet sind, sofort entsorgen, da sie nicht mehr genießbar sind. Den Weißwein und die Gewürze in den Topf geben. Das Gemüse waschen bzw. putzen und in große Stücke schneiden. Ebenso Zitrone und Limette. Die Petersilie abbrausen, trocken tupfen, die Blättchen abzupfen und hacken.

Alles zusammen mit dem ganzen Knoblauch in den Sud geben. Dann die Hitze anstellen und sobald der Sud zu kochen beginnt, die Muscheln dazugeben und alles bei starker Hitze zum Kochen bringen. Einen Deckel darauflegen und wirklich nur einmal aufkochen, bis sich alle Muscheln öffnen, und sofort genießen.

Die Aioli kann entweder per Hand mit dem Schneebesen hergestellt werden oder aber in der Küchenmaschine. Bei beiden Varianten zuerst Eigelbe und Senf in die Schüssel geben und gut verrühren. Weiterrühren und währenddessen langsam die Ölmischung einlaufen lassen – Achtung, nicht zu schnell, damit sich die Mayonnaise nicht wieder trennt; sie sollte eine feste, homogene Masse sein. Den Knoblauch schälen, mit etwas Öl pürieren und zur Aioli geben. Nicht zu viel auf einmal, lieber nachwürzen. Etwas vom Öl der getrockneten Tomaten abnehmen, diese ebenfalls damit pürieren und unter die Aioli ziehen. Mit Salz, Pfeffer, Muskatnuss und Worcestersoße abschmecken und mit etwas Pfirsich- oder Maracujasaft abrunden.

Die Muscheln mit Aioli und Baguette servieren und natürlich einem Glas Weißwein.

Lammkarree | Ostfriesentee | Bohnen | Hüttenkäse | Tomaten | Erbsen

Für 4 Personen

FÜR DAS LAMM MIT TEE

100 g Ostfriesentee
4 Lammkarrees
je **1 Bund** Rosmarin und Thymian
1 Knoblauchknolle
Salz, frisch gemahlener schwarzer Pfeffer, Wacholderbeeren, Lorbeerblätter
100-150 ml Olivenöl

FÜR SALAT UND HÜTTENKÄSE

800 g Bohnen (Sorten nach Wunsch), geputzt
150 g Erbsen, gepalt
3-4 kleine rote Zwiebeln
5-10 Rosmarinzweige
400 g Hüttenkäse
Toskanisches Pastagewürz (Ingo Holland)
200 g Kirschtomaten
Kerne von ½ Granatapfel

FÜR DAS DRESSING
1 Gemüsezwiebel
300 ml Olivenöl
100 ml Balsamico bianco (alternativ: Kräuteressig)
1 Bund Koriander
1 Bund Dill
60 g Senf
2 TL Honig
Salz, frisch gemahlener schwarzer Pfeffer, Muskatnuss,
  Baharat-Gewürzmischung (Ingo Holland)

Das Lamm kann ein paar Tage im Voraus eingelegt werden. 2–3 Tage sollte es in der Marinade verbringen, damit sich der Geschmack voll entfaltet. Wer es vakuumiert, kann es auch entspannt ein paar Tage länger liegen lassen.

Zuerst den Tee aufsetzen. Dafür 400 Milliliter Wasser aufkochen und den Ostfriesentee 10 Minuten darin ziehen lassen. Den Sud abkühlen lassen. Dann das Lamm mit Rosmarin, Thymian und dem Knoblauch in eine Schüssel geben. Die Gewürze grob im Mörser zerkleinern und das Lamm gleichmäßig damit einreiben. Dann Ostfriesentee und etwas Olivenöl zugeben. Wer ein Vakuumiergerät hat, benutzt einen Vakuumbeutel zum Einlegen des Fleisches. Alternativ einfach in der Schüssel lassen, aber darauf achten, dass das Lamm gut mit der Marinade bedeckt ist.

Das Lamm nach der Marinierzeit entnehmen und grillen; wir haben dazu einfach einen Gitterrost über ein Lagerfeuer gelegt und das Fleisch bis zum gewünschten Garpunkt von beiden Seiten gegrillt. Es geht natürlich auch in der Pfanne und im Ofen. Wenn man Pfanne und Ofen benutzt, einfach das Lamm von beiden Seiten goldgelb braten und im Ofen bei 190 °C fertig garen. Je nach Dicke des Stückes die Garzeit anpassen, im Normalfall braucht das Lamm noch 7–14 Minuten im Ofen.

Beim Bohnensalat kann man kreativ werden. Ich habe mich für Kenia-Bohnen entschieden und zusätzlich eine helle und dunkle Bohnensorte verwenden. Die Bohnen und Erbsen blanchieren, sodass sie noch Biss haben. Wichtig: Nach dem Garen sofort in Eiswasser abschrecken, damit sie ihre Farbe nicht verlieren. In eine Schüssel geben. Die Zwiebel schälen, in Streifen schneiden und dazugeben. Für das Dressing dann eine weitere Zwiebel schälen und grob hacken. Mit den restlichen Zutaten, bis auf die Gewürze, in ein hohes Gefäß geben und mit einem Stabmixer fein pürieren. Wer möchte, legt für die Dekoration einige frische Kräuter zur Seite. Mit Salz, Pfeffer und etwas Muskat abschmecken. Das Baharat-Gewürz gibt dem Ganzen eine angenehme Schärfe und eine orientalische Note, die sich gut mit dem Koriander vereint. Das Dressing sofort mit den Bohnen vermengen und bei Zimmertemperatur 2–3 Stunden ziehen lassen.

Für den Hüttenkäse den Rosmarin abbrausen, trocken tupfen, die Nadeln abzupfen und grob hacken. Dann den Hüttenkäse mit Pastagewürz und Rosmarin abschmecken.

Den Salat auf einer Servierplatte anrichten und die Lammkarrees darum verteilen. Mit dem Hüttenkäse, Tomaten und Granatapfelkernen dekorieren. Wer möchte, streut noch die frischen Kräuter darüber.

FELIX 175

Fisch im Ganzen mit Glutkartoffeln

Für ca. 4 Personen

FÜR DEN FISCH

Pro Person **1 ganzer** Fisch (400–650 g), zum Beispiel Wolfsbarsch oder Dorade
frische Kräuter (zum Beispiel: **1 Bund** Rosmarin, **1 Bund** Thymian, **1 Bund** Dill pro Fisch)
Knoblauch
Limetten
Mehl zum Wenden
Olivenöl und Butter zum Anbraten
Meersalz und frisch gemahlener schwarzer Pfeffer

FÜR DIE BEILAGE

1–1,5 kg Drillinge
je **1** Bund Rosmarin, Thymian und frischer Kerbel
150 ml Olivenöl
100 ml starker Ostfriesentee
Meersalz, frisch gemahlener schwarzer Pfeffer, Kümmel
frischer Queller, nach Belieben (Info)

Info

Queller oder »Salicornia« gehört zu den Fuchsschwanzgewächsen. Er ist sehr mineralstoffreich, hat einen feinen, salzigen Geschmack und wächst in Küstenregionen.

Die Fische ausnehmen, gut waschen und mit Küchenpapier abtupfen. Das kann aber auch der Fischhändler übernehmen.

Die Fische auf eine saubere Arbeitsplatte legen. Die Flossen mit einer Schere entfernen. Mit dem Rücken eines großen Messers gegen den Strich über das Filet schaben, bis alle Schuppen entfernt sind.

Danach Kräuter, halbierte Knoblauchzehen und 1–2 Limettenschnitze in jeden Fischbauch legen. Das sieht nicht nur hübsch aus, auch die Aromen verteilen sich beim Braten im Fisch.

Die gefüllten Fische auf Ober- und Unterseite mit je drei kleinen Schnitten einschneiden und von beiden Seiten in Mehl wenden. Reichlich Olivenöl in einer Pfanne erhitzen und den Fisch sofort in die heiße Pfanne legen; 5–7 Minuten von beiden Seiten anbraten. Kurz bevor der Fisch gar ist, ein kleines Stück Butter zugeben und mit Salz und Pfeffer würzen. Alternativ den Fisch auf Spieße stecken und über offenem Feuer grillen, so wie wir es bei unserem Strandtag gemacht haben. Da wir den Spieß direkt in den Bauch gespießt haben, kann man die Kräuterfüllung bei dieser Variante weglassen.

Für die Beilage die Kartoffeln in einem großen Topf in Salzwasser gar kochen oder dämpfen; dann halbieren. Die Kräuter abbrausen, trocken tupfen, die Blättchen abzupfen und hacken. Alle Zutaten vermengen und am besten über Nacht marinieren. Danach in einer Pfanne über offenem Feuer (oder auf dem Herd) goldgelb anbraten und zum Fisch servieren. Wer Queller bekommt, streut ihn zusätzlich darüber; er unterstützt mit seinem salzigen Geschmack den Geschmack des Fisches und lässt die Kartoffeln etwas leichter wirken.

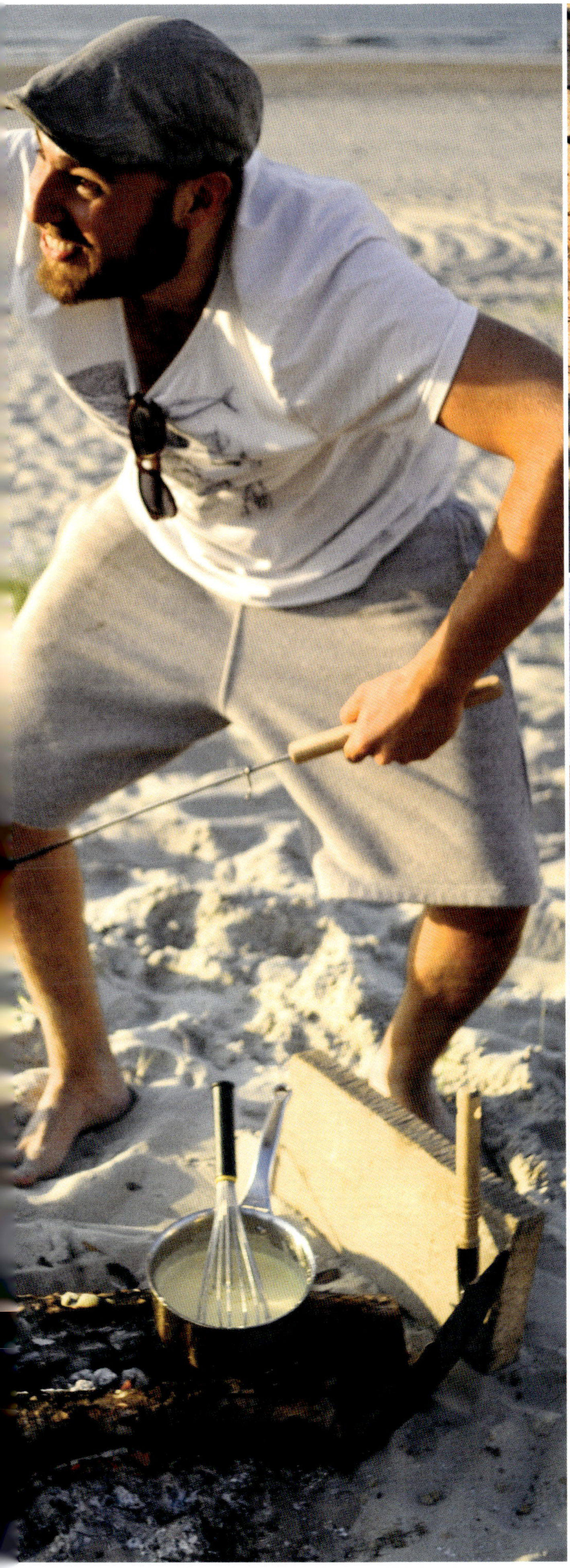

ESSZIMME
NORDERNEY
Waffeln aus der Glut | Beeren
Birne | Zabaione | Puderzucker
Birne
Waffel

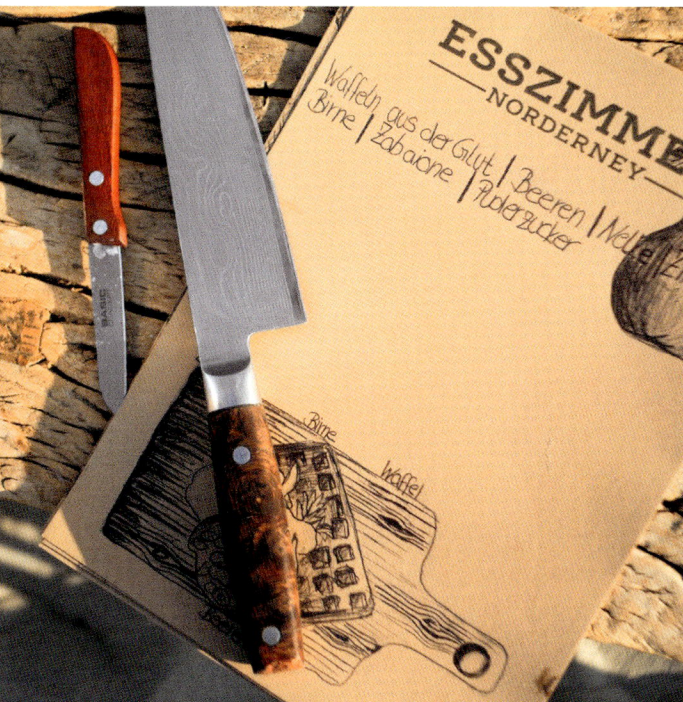

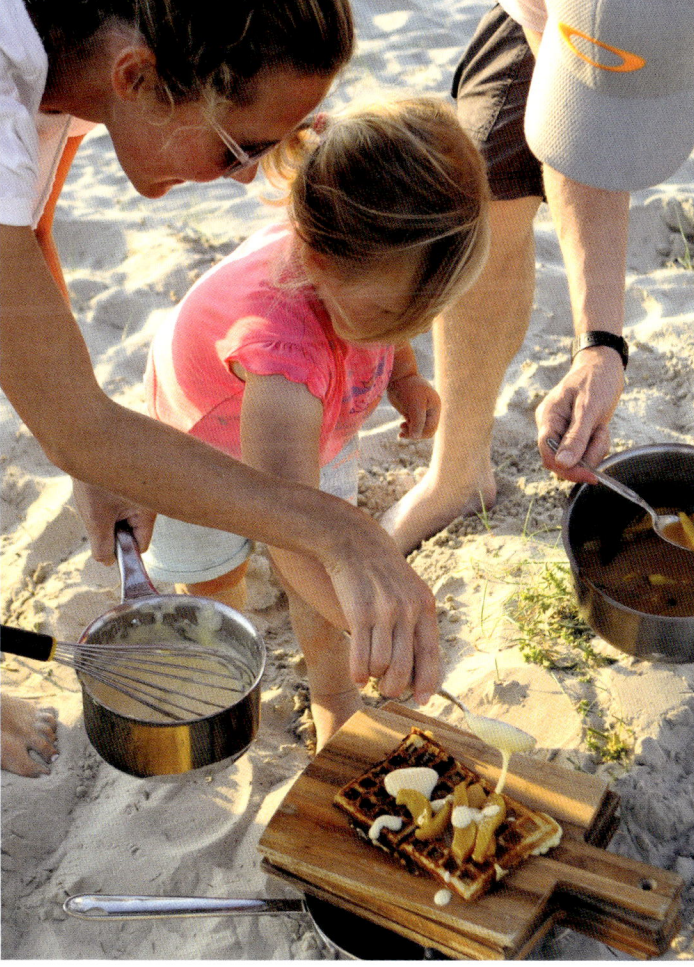

Waffeln aus der Glut Birnen | Nelke | Zabaione | Zimt | Beeren

Für 8-10 Waffeln

FÜR DAS BIRNENKOMPOTT

80 g Zucker
400 ml weißer Portwein
100 ml Weißwein (Riesling mit leichter Säure)
5-7 Nelken
2 Lorbeerblätter
1 Zimtstange
6-8 Wacholderbeeren
2 Vanilleschoten
6-8 Birnen (Sorte nach Wunsch)

FÜR DIE WAFFELN

500 g Mehl
300 g Zucker
18 g Backpulver
4 Eier
500 ml Milch
Mark von 3 Vanilleschoten
250 g Butter, flüssig
Öl oder Butter für das Waffeleisen
frische Beeren zum Servieren
Minzeblätter zum Garnieren

FÜR DIE ZABAIONE
4 Eigelb
40 g Zucker
100 ml Weißwein
Mark von **1** Vanilleschote

AUSSERDEM
3-4 sterilisierte Weckgläser

Das Kompott kann gut vorbereitet und bis zur Verwendung im Keller gelagert werden. Für das Birnenkompott zunächst den Zucker in einem Topf karamellisieren, dann mit Port- und Weißwein ablöschen. Anschließend Nelken, Lorbeerblätter, Zimtstange, Wacholderbeeren und Vanilleschoten dazugeben und so lange kochen, bis sich der Zucker aufgelöst hat und ein Drittel der Flüssigkeit verkocht ist.

Die Birnen waschen, vom Kerngehäuse befreien und in Viertel oder Achtel schneiden. In den kochenden Gewürzsud geben und aufkochen – je nach Dicke der Stücke etwas länger oder nur ganz kurz.

Anschließend Sud und Obst in die vorbereiteten Weckgläser füllen. Dabei wirklich auf Sauberkeit achten, nach dem Sterilisieren nur noch mit sauberen Fingern oder einer Zange anfassen. Mit einem Deckel verschließen, abkühlen lassen und einlagern.

Der Teig für die Waffeln ist sehr einfach. Dazu alle Zutaten in eine Schüssel geben und zu einem glatten Teig verrühren. Er kann dann sofort im Waffeleisen ausgebacken werden. Die Mulden aber immer gut mit Öl oder Butter einfetten. Auch sollte man das Waffeleisen nach Gebrauch nur mit klarem Wasser reinigen, so haftet auch nichts an. Wir backen unsere Waffeln in einer Gussform auf dem Feuer, es verleiht der Waffel ein ganz besonderes Aroma, bedarf aber auch eines gewissen Fingerspitzengefühls.

Die Zabaione ist ein klassisches italienisches Rezept und gelingt relativ schnell. Dazu Eigelbe und Zucker in eine ausreichend große Schüssel geben und über einem Wasserbad leicht schaumig rühren. Die restlichen Zutaten dazugeben und so lange mit einem Schneebesen schaumig schlagen, bis die Mischung anfängt, dicker zu werden. Dann wird es aber etwas schwieriger, denn wenn man die Masse zu lange schlägt und sie es zu heiß wird, gerinnt das Eiweiß und die Zabaione wird flockig und fällt zusammen. Das heißt, der Schaum sollte nicht mehr als 70-75 °C erreichen. Die Schüssel vom Wasserbad nehmen und 1-2 Minuten weiterschlagen, damit sie von der Resthitze nicht zu stocken beginnt. Sofort servieren.

Unbedingt darauf achten, dass Waffeln und Zabaione relativ zeitgleich fertig sind bzw. die Waffeln entsprechend warm halten. Die Waffel mit etwas warmem Birnenkompott bedecken und mit der Zabaione übergießen, mit frischen Beeren und etwas Minze dekorieren.

rezepte

PASTASALAT MIT JOGHURTCREME, FRISCHEN ERBSEN UND DICKEN BOHNEN
DICKE-BOHNEN-CREME
SALZZITRONEN
FLEISCHFLADEN
GEMISCHTER SALAT MIT WARMEN KICHERERBSEN
ARABISCHER LINSENREIS

KERSTIN:

Die Magie kann man nicht in Zahlen fassen, aber skurril klingt es wenigstens: 1100 Quadratmeter Dachfläche, 400 Quadratmeter Grünstreifen, rund 650 Bäckerkisten, ein Container, zwölf Schaufeln, zwei Schubkarren, 172 verschiedene Pflanzensorten, fünf Bienenvölker, vier Komposthaufen und eine Wurmkiste – das ist das Gartendeck, zumindest in Eckdaten.

In der Realität ist es ein kleines, grünes Paradies, geschaffen auf einem ehemaligen Parkdeck mitten im Ausgeh- und Amüsierviertel der Stadt.

Anwohner haben den ungenutzten Raum in einen Gemeinschafts-Gemüsegarten verwandelt.

Kerstin war von Anfang an mit dabei, genau wie bei einem der Projekte, das der Garten hervorgebracht hat: Alle zwei Wochen wird hier mit Geflüchteten gekocht – »Angekommene«, wie Eli sie nennt. Die meisten von ihnen kommen aus Syrien, viele sind längst Freunde geworden und kommen immer wieder her und bringen solche mit, die erst seit Kurzem in Deutschland in Sicherheit sind.

Aktionen wie die Kochtage auf dem Gartendeck schaffen Raum für die Menschen – egal ob noch in Unterkünften oder aber bereits in kleinen Wohnungen – mit vielen Freunden gemeinsam zu kochen und zu essen, während die Kinder sich gleichzeitig im Garten austoben können. Diese Aktionen sind für viele der Geflüchteten ein enger und schöner Kontakt zu alteingesessenen Bürgern.

Freundschaften zu schließen über Sprachbarrieren und fremde Gebräuche hinweg ist keine einfache Übung, aber auch hier wirkt das gemeinsame Kochen, Essen und Lachen als Formel für persönliche Verbindungen, die oft weit über den Tag hinausreichen.

Was Kerstin gemeinsam mit anderen Leuten vom Gartendeck organisiert, sind nur auf den ersten Blick Gemüsebeete und Kochtage – es ist Zusammenhalt.

Sie engagiert sich auf vielen Ebenen für Geflüchtete. Einige derjenigen, die regelmäßig an den Kochtagen in den Garten kommen, hat sie begleitet, seitdem sie in der neuen Heimat angekommen sind. Sie hat viele verschiedene Dinge gemacht in ihrem Leben: Als Gestalterin gearbeitet, zwei inzwischen erwachsene Söhne großgezogen, einige Jahre in London gelebt – jetzt hat sie, gemeinsam mit drei Mitstreitern, eine öffentliche »Kantine« eröffnet, in einem genossenschaftlich organisierten Gewerbe- und Kulturort in einer ehemaligen Kaserne, und kocht dort. Auch sie ist angekommen.

Pastasalat mit Joghurtcreme, frischen Erbsen und dicken Bohnen

Für 6 Personen
1 kg frische Dicke Bohnen (alternativ: 250 g TK-Ware)
800 g frische Erbsen (alternativ: 200 g TK-Ware)
500 g Pasta nach Wunsch

FÜR DIE SOSSE
2 Knoblauchzehen
1 Bund Basilikum
500 g Joghurt mit 10 % Fettgehalt
80 ml gutes Olivenöl
½ TL geräuchertes Paprikapulver (Pimentón agridulce)
½ TL Chiliflocken
Salz und frisch gemahlener schwarzer Pfeffer
200 g Feta

Tipp
Dazu passen auch geröstete Sonnenblumen- oder Pinienkerne.

Info
Wir haben verschiedene Sorten Erbsen und Bohnen aus dem Garten verwendet, deshalb haben sie auch unterschiedliche Farben und Formen, was den Salat besonders hübsch macht. Diese Vielfalt ist im normalen Handel schwer zu bekommen, auf gut sortierten Märkten kann man Glück haben.

Bohnen und Erbsen palen und anschließend blanchieren; beiseitestellen. Da das Palen ein Weilchen dauert, macht man es deshalb am besten in Gesellschaft.

Die Pasta nach Packungsanleitung kochen und währenddessen die Soße zubereiten: Dazu den Knoblauch schälen und pressen. Das Basilikum abbrausen, trocken tupfen, die Blättchen abzupfen und klein schneiden. Beides mit Joghurt, Öl und den Gewürzen zu einer sämigen Soße verrühren. Mit Salz und etwas Pfeffer abschmecken.

Die Pasta kurz abkühlen lassen, dann in einer großen Schüssel mit der Soße mischen. Den Feta zerkrümeln und vorsichtig unterheben.

Bohnen und Erbsen teilweise unterheben, den Rest zur Dekoration verwenden.

Dicke-Bohnen-Creme

Für 4 Personen als Beilage
2 kg frische Dicke Bohnen (alternativ: 500 g TK-Ware)
2 Knoblauchzehen, nach Belieben
1 kleines Bund frische Minze
4 EL gutes Olivenöl
Saft von **1** Zitrone
Salz und frisch gemahlener schwarzer Pfeffer

Tipp
Beim Kauf der Bohnen darauf achten, dass es eine Sorte ist, die beim Kochen grün bleibt – manche Sorten werden dabei braun. Damit sieht die Creme nicht mehr so hübsch aus.

Die Bohnen palen und 3-10 Minuten in sprudelndem Wasser kochen (je nach Reife der Bohnen). Den Knoblauch schälen. Die Minze abbrausen und gut trocken tupfen; härtere Stängel entfernen.

Alle Zutaten pürieren, bis eine Masse mit cremiger Konsistenz erreicht ist.

Mit Salz und Pfeffer abschmecken.

Salzzitronen

Für 1 Einmachglas à 1 Liter
10 Bio-Zitronen
ca. 10 EL grobes Meersalz
Saft von **ca. 10** Zitronen
3 kleine Bio-Rosmarinzweige
1 größere Chilischote (mittlere Schärfe), in breite Streifen geschnitten
Olivenöl

Das Einmachglas gut sterilisieren.

Die Zitronen heiß abspülen und vertikal längs einschneiden, sodass sich vier Teile ergeben, ohne dass die Zitrone auseinanderfällt. Sie sollte sich eher wie eine Blüte öffnen.

In jede Öffnung ca. 1 Esslöffel Salz geben, die Zitronen vorsichtig zusammendrücken und in das Glas legen. Nacheinander ebenso verfahren, bis alle Zitronen möglichst eng in das Glas geschichtet sind. Ist noch Platz, am nächsten Tag mit weiteren Zitronen auffüllen.

Das Glas verschließen und 1 Woche stehen lassen. Nach dieser Zeit das Glas öffnen, die Zitronen vorsichtig zusammenpressen, um den Saft herauszudrücken. Mit frisch gepresstem Zitronensaft auffüllen, bis alle Zitronen bedeckt sind, dann Rosmarin und Chili dazugeben. Mit einem feinen Film aus Olivenöl überziehen und vor dem Verzehr mindestens 4 Wochen kühl stehen lassen.

Bei Bienenschwarm: Gunnar 040/19208687
Carsten 0163 9633562

Für wer sich berufen fühlt:
- Gießen, geht immer

NEW

Nächstes Kürbistreffen:
Sa, 02.07 16ʰ // So, 03.07 15ʰ // Di, 05.07 19ʰ

Fleischfladen

Für 6 Personen
1 Zwiebel
2 Knoblauchzehen
1 kleines Bund glatte Petersilie
2 frische Chilischoten
500 g Lammhackfleisch
500 g Rinderhackfleisch
2 TL Zimt
2 TL gemahlener Piment
1 TL frisch geriebene Muskatnuss
2 TL frisch gemahlener schwarzer Pfeffer
2 TL Salz
Olivenöl zum Anbraten

Tipp
Zur Dekoration eignen sich Petersilie, Pinienkerne oder ungesalzene Cashews, Paprikaringe, Tomaten- oder Gurkenscheiben oder auch Zitronenspalten.

Die Zwiebel schälen und fein hacken. Den Knoblauch schälen und zerdrücken. Die Petersilie abbrausen, trocken tupfen und fein hacken. Die Chilis ebenfalls fein hacken.

Alle Zutaten mit den Händen gründlich miteinander verkneten.

Jeweils ca. 1 Esslöffel der Fleischmasse abnehmen und gut zu kleinen, flachen Fladen zusammendrücken; das ist wichtig, sonst fallen die Fladen beim Braten auseinander.

Das Öl in einer Pfanne erhitzen und die Fladen von beiden Seiten anbraten.

Gemischter Salat mit warmen Kichererbsen

Für 4 Personen

FÜR DIE KICHERERBSEN
125 g getrocknete Kichererbsen
(alternativ: 250 g aus der Dose, abgetropft)
1 TL Backnatron
1 TL gemahlener Kardamom
½ TL gemahlener Piment
1 TL gemahlener Kreuzkümmel
¼ TL Salz
20 ml Olivenöl

FÜR DEN SALAT
500 g Tomaten (während der Tomatensaison für Geschmack und Optik verschiedene Sorten mischen)
250 g Bio-Salatgurke
2 kleine rote Zwiebeln
1 rote, gelbe oder orange Paprikaschote
1 kleines Bund glatte Petersilie
1 kleines Bund Koriander

FÜR DAS DRESSING
2 sehr frische (nicht getrocknete) Knoblauchzehen
80 ml Olivenöl
2 EL Sherryessig (alternativ: Rotweinessig)
Saft und Abrieb von **1** Bio-Zitrone
1 Prise Zucker
Meersalz und frisch gemahlener schwarzer Pfeffer

Tipp
Das ist eigentlich ein »Reste«-Salat. Man kann dafür alles verwenden, was man noch im Kühlschrank hat: Zum Beispiel feste Blattsalate mit Eigengeschmack wie Römersalat, Spinat etc. Auch Feta oder ein Klecks Joghurt (mindestens 5 % Fettgehalt) passt gut dazu.

Die getrockneten Kichererbsen mit dem Natron mindestens 12 Stunden in Wasser einweichen. Abgießen und mit der doppelten Menge Wasser (ohne Salz!) ca. 1 Stunde leicht sprudelnd kochen (die Zeit variiert je nach Größe und Alter der Kichererbsen). Den beim Kochen entstehenden Schaum mit einer Kelle abschöpfen. Die Kichererbsen sollten weich, aber noch bissfest sein.

In der Zwischenzeit Salat und Dressing zubereiten. Für den Salat alle Zutaten klein schneiden und die Kräuter abbrausen und trocken tupfen, dann hacken.

Für das Dressing die Knoblauchzehen schälen und hacken. Gut mit den restlichen Zutaten verrühren.

Die gekochten Kichererbsen abgießen. Gewürze und Salz in einer Schüssel vermengen und die warmen Kichererbsen vorsichtig darin wälzen. Das Öl bei mittlerer Temperatur in einer Pfanne erhitzen und die Gewürz-Kichererbsen darin anbraten, dabei vorsichtig wenden. Die Kichererbsen sollten gleichmäßig angebräunt sein.

Den Salat mit dem Dressing vermengen, die gebratenen Kichererbsen dazugeben und alles mit den Kräutern bestreuen.

Möglichst sofort servieren, damit der Warm-Kalt-Effekt erhalten bleibt. Wenn das nicht klappt, schmeckt es trotzdem lecker.

Arabischer Linsenreis

Für 6 Personen
250 g braune oder grüne Linsen
750 g Zwiebeln
2 EL Mehl
Salz
250 ml Sonnenblumenöl
2 TL Kreuzkümmelsamen
2 TL Koriandersamen
250 g Reis (Basmati- oder Langkornreis)
½ TL gemahlene Kurkuma
2 TL gemahlener Piment
2 TL Zimt
1 TL Zucker
frisch gemahlener schwarzer Pfeffer
3 EL Olivenöl

Tipp
Der Linsenreis schmeckt auch kalt sehr gut.

Die Linsen nach Packungsanleitung bissfest garen und beiseitestellen.

Die Zwiebeln schälen und in feine Ringe schneiden. Anschließend gleichmäßig mit dem Mehl bestäuben und etwas salzen. Das Sonnenblumenöl in einem großen Topf stark erhitzen und die Zwiebelringe portionsweise darin frittieren, bis sie goldbraun und knusprig sind. Auf Küchenpapier abtropfen lassen, damit sie knusprig bleiben.

Das Frittieröl abgießen. Im selben Topf Kreuzkümmel und Koriandersamen bei mittlerer Hitze leicht anrösten.

Dann gewaschenen Reis, Gewürze, ½ Teelöffel Salz und das Olivenöl dazugeben und alles miteinander verrühren, bis der Reis mit Öl überzogen ist.

Die Linsen dazugeben, alles nochmals kurz vermengen und mit 375 Milliliter Wasser auffüllen.

Aufkochen und anschließend 15 Minuten bei sehr geringer Hitze und gut geschlossenem Topf köcheln lassen, bis das Wasser vollständig verdampft ist.

Die Hälfte der Zwiebeln untermischen, den Rest zum Garnieren auf den Linsenreis streuen.

rezepte

KRETISCHER SALAT MIT ZIEGENKÄSE – KRITIKI SALATA
TOMATENFRIKADELLEN MIT BOHNENMUS – NTOMATOKEFTEDES ME FAVA
KALMAR GEGRILLT – KALMAR STO GRILL
MICHALIS SONNTAGS-LAMMWÜRSTCHEN – MICHALIS SPETZOFAI
ELENIS SONNTAGS-MILCHREIS – ELENIS RISOGALO

MICHALIS:

»Das ist ganz einfach, alle müssen gut drauf sein. Und wenn nicht alle gut drauf sind, hilft Wein. Doch, ehrlich, ein guter Wein kann sehr viel retten.«

Was macht einen guten Gastgeber aus?
In der Gastronomie auf jeden Fall Ehrlichkeit. Das heißt, ehrliche Produkte, ehrliche Weine und Personal, das keinen Unsinn erzählt. Wenn ich bei jemandem, der zum zweiten Mal in meinen Laden kommt, so tue, als wäre er mein bester Freund, dann ist das Unsinn. Ich muss ihn nicht umarmen wie mein Kind, wenn ich nach Hause komme. Wenn meine Tochter reinkommt, breite ich die Arme aus und rufe: Ich liebe dich, mein Schatz, du bist das Beste und Schönste, was es gibt auf der Welt! Aber das sage ich doch nicht jemandem, der zum zweiten Mal in meinen Laden kommt. Ich weiß, es gibt solche Gastronomen, aber ich glaube nicht daran. Ich mache das nicht. Ehrlich sein! Und ansonsten gilt das Gleiche, wie wenn man zu Hause Gäste hat: Man will ihnen das Beste geben, was geht; dass sie sich gut fühlen, gut essen und trinken, Spaß haben.

Was ist gutes Essen?
Jetzt muss ich das schon wieder sagen: Ein ehrliches Produkt. Das kann ein Stück Fleisch oder Fisch sein; aber auch eine wirklich gute Tomate kann besser sein als das aufwendigste Gericht. Ein paar Oliven, ein bisschen Käse, ein bisschen Öl, das reicht oft schon aus.

Was ist das Schöne am Kochen?
Dabei komme ich runter. Ich schalte den Kopf aus, wie sonst nur beim Angeln. Ich denke gar nicht, ich bin einfach da und koche. Total entspannt. Vielleicht trinke ich ein Glas Wein dabei. Perfekt!

Man merkt dir an, dass du es magst, Menschen zu Essen zu geben …
Das habe ich von meiner Mutter! Da bin ich genau wie sie, total griechisch. Ich esse gar nicht mit, mit meinen Kindern zum Beispiel, ich sitze nur da und sage: »Fae, fae« [»Iss, iss«], wie eine griechische Oma. Das macht mich total glücklich. Ich bin genauso satt wie die, die gegessen haben, obwohl ich selber gar nicht mitgegessen habe. Ehrlich, total satt! Na gut, manchmal esse ich dann nachts, wenn alle weg sind und im Bett …

Es gibt im Griechischen tatsächlich ein Wort für eine temporäre Gruppe, die zusammensitzt und einen guten Abend hat, »Parea«. Kannst du erklären, warum es so ein Wort nur im Griechischen gibt?

»Parea« ist erst einmal jede Gruppe, zwei Leute, die etwas zusammen machen. Aber du hast recht, das ist südländisch, südeuropäisch - zusammen essen zum Beispiel. Wo gibt es das sonst, dass wie in Griechenland Familien dreimal am Tag zusammen essen? Dreimal am Tag sitzen sie alle zusammen an einem Tisch, das ist doch der Hammer! Na gut, für die Mutter bedeutet das auch, sie muss dreimal am Tag kochen. Aber es ist schön!

Wie gelingt ein guter Abend?
Das ist ganz einfach, alle müssen gut drauf sein. Und wenn nicht alle gut drauf sind, hilft Wein. Doch, ehrlich, ein guter Wein kann sehr viel retten.

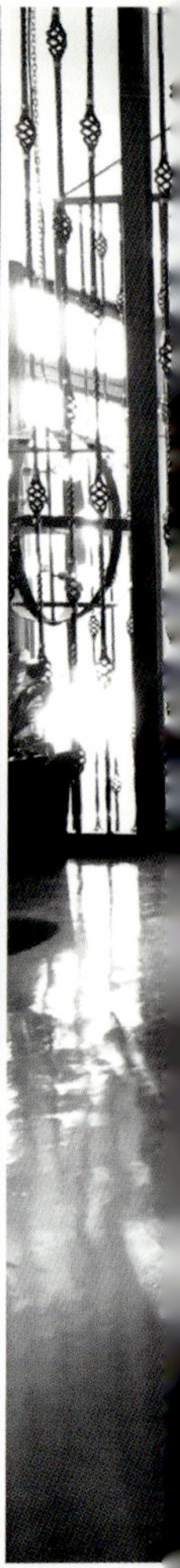

ΒΙΤΑΜΙΝΟΥΧΟΜ "ΕΛΑΪΣ" ΘΥΤΙΝΣΙ

Was macht eigentlich einen guten Gast aus?
Dass er stinkreich ist und sein ganzes Geld hier ausgeben will! Oder eine sexy Frau mit langen blonden Haaren! Nein, im Ernst – obwohl das alles nicht stört –, aber ich finde: Offenheit. Es ist schön, wenn Gäste mitgehen, wenn man ihnen etwas empfiehlt, wenn man etwas ausprobiert hat, ein neues Gericht oder wenn ich etwas Besonderes gefunden habe, einen super Wein oder so etwas. Wenn sie nicht herkommen und ganz genau wissen, was sie essen wollen und wie es genau schmecken muss, mit tausend Sonderwünschen. Das machen wir auch, oder wir versuchen es wenigstens, ganz klar. Aber für mich persönlich ist es am Schönsten, wenn Leute offen sind für das, was wir machen.

Was ist das Gute daran, Gastronom zu sein?
Ich kann umsonst Wein trinken! Also, zumindest ist am Abend die Rechnung immer null, ich hab den Wein ja schon vorher bezahlt. Aber, nein, in Wahrheit kann ich es dir nicht ganz genau erklären. Natürlich ist es schön, so viele Leute zu treffen und kennenzulernen. Und man lebt die Nacht. Ich liebe das. Tagsüber funktioniere ich gar nicht.

Du hast viel über gute Produkte gesprochen. Gehst du immer noch gern einkaufen?
Gern? Ich hasse es! Ich bin jeden Tag drei Stunden einkaufen, jeden Tag, das ist eine Psychose! Ich würde nie freiwillig privat einkaufen. Na gut, manchmal macht es auch Spaß, ich kenne ja die Händler und sie kennen mich und wir spielen ein bisschen miteinander. Das ist schon nett, wenn du ankommst und es sagt einer: »Komm, setz dich, möchtest du einen Kaffee?« Wir machen das seit vielen Jahren. Doch, manchmal macht es auch Spaß.

Und der Sonntag ist für euch in der Familie der heilige Tag, habe ich gehört ...
Heilig! Da sind wir als Familie nur für uns. Wobei, wir sind sonntags auch fertig von der Woche, und im Moment haben wir gerade das zweite Restaurant eröffnet, das ist doppelt anstrengend. Aber unsere Töchter verstehen das, und meine Frau Eleni und ich, wir haben viel Arbeit und viel Stress – und klar, wir hätten uns auch schon 120 Mal scheiden lassen können –, aber da ist viel Liebe im Haus. Immer viel Liebe.

Kretischer Salat mit Ziegenkäse
Kritiki Salata

Für 2 Personen

300 g gelbe und rote Kirschtomaten
½ rote Zwiebel
1 Frühlingszwiebel
50 g Dill
50 g glatte Petersilie
1 Handvoll Salatblätter (z. B. Rucola)
3 EL Olivenöl
1 EL weißer Balsamicoessig
Salz und frisch gemahlener schwarzer Pfeffer
2 Stück Dakos (Kretischer Gerstenzwieback)
150 g Manouri
sehr guter dunkler Balsamico zum Beträufeln

Tipp

Als Alternative zum Dakos kann man natürlich auch geröstetes Brot wie zum Beispiel Ciabatta verwenden. Manouri wird hauptsächlich aus der Molke von Schafs- und/oder Ziegenmilch hergestellt und hat eine Ricotta-ähnliche Konsistenz. Auch andere weiche Käsesorten eignen sich gut.

Die Kirschtomaten halbieren. Die rote Zwiebel schälen und in feine Würfel schneiden. Die Frühlingszwiebel putzen und in Ringe schneiden. Dill und Petersilie abbrausen, trocken tupfen, die Blättchen abzupfen und fein hacken.

Alle Zutaten, bis auf Zwieback und Käse, in eine Schüssel geben und gut durchmischen.

Den Salat auf einer Platte oder in einer Schüssel anrichten, den Zwieback in mundgerechte Stücke brechen und darauf verteilen.

Den Käse gleichmäßig darüberbröckeln und mit dem Balsamico verfeinern.

Tomatenfrikadellen mit Bohnenmus
Ntomatokeftedes me Fava

Für 6 Stück
FÜR DIE FRIKADELLEN
6 Tomaten
1 rote Zwiebel
2 Frühlingszwiebeln
100 g frische Minze
200 g Feta
2 Eier
200 g Weizenmehl
Salz und frisch gemahlener schwarzer Pfeffer
1 Liter Pflanzenöl zum Frittieren
1 Handvoll Salatblätter und Kapernäpfel, nach Belieben, zum Dekorieren

FÜR DEN DIP
½ rote Zwiebel
2 Knoblauchzehen
3 EL Olivenöl
3 Thymianzweige
200 g gelbe Schälerbsen
Salz und frisch gemahlener schwarzer Pfeffer

Für die Frikadellen die Tomaten vom Stielansatz befreien und halbieren. Dann entkernen; es wird nur das Fleisch benötigt. Dieses in sehr feine Stücke schneiden und in eine große Schüssel geben.

Die Zwiebel schälen und in feine Würfel schneiden. Die Frühlingszwiebeln putzen und in dünne Streifen schneiden. Die Minze abbrausen, trocken tupfen, die Blättchen abzupfen und fein hacken.

Alle Zutaten zu den Tomaten in die Schüssel geben und gründlich miteinander vermengen. Mit Salz und Pfeffer würzen. Wichtig: Die Masse sollte eine relativ feste Konsistenz haben, sodass man daraus Kugeln formen kann.

Mit den Händen sechs Kugeln formen und das Öl in einem hohen Topf auf 200 °C erhitzen. Die Frikadellen hineingeben und von jeder Seite ca. 2 Minuten frittieren, bis sie etwas Farbe genommen haben. Herausnehmen und auf Küchenpapier abtropfen lassen.

Für den Dip die Zwiebel schälen und in feine Würfel schneiden. Den Knoblauch schälen und ganz lassen.

Das Olivenöl in einem Topf erhitzen. Zwiebel, Knoblauch und Thymian hineingeben und kurz durchschwenken. Dann die gelben Schälerbsen dazugeben und unter Rühren kurz anbraten, bis sie leicht Farbe genommen haben.

So viel Wasser hinzugeben, bis die Schälerbsen gerade bedeckt sind. Aufkochen lassen und bei geringer Hitze ca. 30 Minuten köcheln lassen. Immer wieder rühren und Wasser hinzugeben. Vorsicht, nicht zu viel, sonst wird es zu flüssig. So lange kochen, bis die Schälerbsen gar sind. Sie sollten weich und »breiig« sein.

Knoblauchzehen und Thymian herausnehmen. Die Schälerbsen in eine Schüssel geben (evtl. verbliebenes Wasser vorher abgießen) und mithilfe eines Stabmixers zu einer cremigen Masse verarbeiten. Mit Salz und Pfeffer würzen.

Das Erbsenmus auf einem großen Teller oder einer Platte verteilen und die Tomatenfrikadellen daraufsetzen. Mit Salatblättern und nach Belieben Kapern dekorieren. Mit frisch gemahlenem schwarzem Pfeffer abschmecken.

Kalmar gegrillt
Kalmar sto grill

Für 2 Personen

FÜR DEN KALMAR
1 Kalmar (ca. 300 g), vom Fischhändler ausgenommen
50 g glatte Petersilie
50 g Schnittlauch
3 Thymianzweige
½ Knoblauchzehe
2 EL Olivenöl zum Braten

FÜR DAS DRESSING
4 EL Olivenöl
1 EL weißer Balsamicoessig
Salz und frisch gemahlener schwarzer Pfeffer

Salatblätter und essbare Blüten zum Dekorieren

Für das Dressing alle Zutaten gut verrühren.

Den Kalmar in zwei Stücke schneiden - dazu einmal an der Seite rundherum durchschneiden, sodass zwei Hälften entstehen.

Die Kräuter abbrausen und trocken tupfen; abzupfen. Petersilie und Schnittlauch fein hacken, die Thymiannadeln abstreifen. Den Knoblauch schälen.

Das Olivenöl in eine Grillpfanne geben und heiß werden lassen. Kräuter und Knoblauch dazugeben, kurz durchschwenken und die Kalmarstücke darin von beiden Seiten je ca. 2 Minuten anbraten, bis sie etwas Farbe genommen haben. Dabei ganz wichtig: Den Kalmar während des Bratens mit einem Teller beschweren, da er sich sonst wölbt und nicht mehr flach in der Pfanne liegt. Das ist sehr wichtig für den Bratvorgang!

Den gebratenen Kalmar in mundgerechte Stücke schneiden und auf Tellern anrichten. Die Kräuter und das Brätol darüber verteilen, ebenso das Dressing.

Nach Belieben mit Salat und essbaren Blüten garnieren.

»Der Sonntag ist uns heilig! Da sind wir als Familie nur für uns.«

Michalis Sonntags-Lammwürstchen
Michalis Spetzofai

Für 2 Personen
2 Tomaten
1 rote Spitzpaprikaschote
½ Zwiebel
1 Knoblauchzehe
ca. **200 g** Lammbratwurst (2 Stück)
1 EL Olivenöl
Salz und frisch gemahlener schwarzer Pfeffer

Die Tomaten mithilfe einer Reibe fein reiben. Die Spitzpaprika von Samen und Scheidewänden befreien und in feine Würfel schneiden. Zwiebel und Knoblauch schälen und in sehr feine Würfel schneiden.

Die Lammwürste in mundgerechte Stücke schneiden. Das Olivenöl in einer Pfanne erhitzen. Die Zwiebelwürfel hineingeben und kurz anschwitzen.

Die Wurststücke hineingeben und kurz anbraten, bis sie etwas Farbe genommen haben. Dann Spitzpaprika und Knoblauch dazugeben und kurz durchschwenken. Zum Schluss geriebene Tomaten mit ihrem Saft unterrühren und 5 Minuten köcheln lassen. Nach Geschmack mit Salz und Pfeffer würzen.

Elenis Sonntags-Milchreis
Elenis Risogalo

Für 6 Portionen
250 g Milchreis (Rundkorn- oder Risotto-Reis)
1 Prise Salz
750 ml Milch
½ Vanilleschote
Abrieb von **1** Bio-Zitrone
2 EL Zucker
2,5 TL Zimt

Tipp
Für selbst gemachten Vanillezucker einfach das Mark der anderen Hälfte der Vanilleschote auskratzen. Die Schote in kleine Stücke schneiden und ca. 100 g weißen Zucker in ein Schraubglas füllen. Vanillemark und -schote dazugeben. Gut durchschütteln, fertig! Der Vanillezucker hält sich über Monate und kann auch immer wieder mit Zucker aufgefüllt werden!

250 Milliliter Wasser in einem Topf zum Köcheln bringen, dann den Milchreis zufügen und gut durchrühren; ca. 5 Minuten köcheln lassen. Das Salz hineinstreuen und die Milch angießen.

Die Vanilleschote längs halbieren und das Mark herauskratzen. Vanillemark- und schote sowie den Zitronenabrieb in den Topf geben. Alles unter Rühren aufkochen und zugedeckt bei schwacher Hitze ca. 20 Minuten garen.

Den fertigen Milchreis von der Herdplatte nehmen, die Vanilleschote entfernen und den Zucker gut einrühren. Falls der Milchreis noch etwas zu fest ist, ein wenig kalte Milch unterrühren.

In kleine Schälchen oder Gläser füllen und mit dem Zimt bestreuen – wer mag, nimmt noch etwas Zitronenabrieb.

rezepte

ZITRONEN-GEMÜSE-SUPPE MIT HUHN — KOTOSOUPA AVGOLEMONO
RIND MIT KRÄUTERN, OFENKARTOFFELN UND BRATGEMÜSE — MOSCHARI ME VOTANA KE PATATES STO FOURNO
WALNUSSKUCHEN — GLYKO ME KARIDIA
GRIECHISCHER MOKKA-KAFFEE — ELLINIKOS KAFES

MARIA:

In der Mitte des runden Bistrotisches brennt eine Kerze. Drei Tässchen griechischer Kaffee stehen dabei, damit ist er schon fast voll. Es ist nicht viel Platz in Marias Laden, aber das heißt auf keinen Fall, dass nicht jeder willkommen ist. Ihre Gastfreundschaft ist grenzenlos.

Seit 30 Jahren betreibt sie ihre Änderungsschneiderei, lebt auch hier, hinter dem Geschäft, und kocht griechischen Mokka, wenn einer der Nachbarn vorbeikommt, um ein bisschen zu klönen. Und sie kommen alle. Maria ist die Seele der Straße.

Es ist kein einfaches Leben, das sie geführt hat: Die Schneiderei ist ein bescheidenes Geschäft, und sie hat zwei Kinder allein großgezogen. Aber sie hat es nicht nur geschafft, sie hat dabei immer ihre Haltung gewahrt: Eine schöne, stolze Frau, immer perfekt gekleidet und zurechtgemacht, heute mit 70 genauso wie in den Siebzigerjahren, wie die Fotos zeigen, die hinter dem Arbeitstresen an der Wand ihres Geschäfts hängen. »Meine griechische Elfe«, nennt Eli sie, »eine freundliche Diva.«

MARIA

Ein Nachbar hält vor dem Laden an, Herr Gross, Karl Gross. Als er geboren wurde, tobte der Erste Weltkrieg. Er ist nicht mehr gut zu Fuß, aber umso schneller im Geist: Er rezitiert Gedichte, die er in der Schule gelernt hat. Maria lacht. Die Geschichten der Nachbarn sind auch ihre Geschichte geworden, so wie ihre Geschichte gleichzeitig eine Geschichte Europas ist. Und Deutschlands.

Die neue, zweite Heimat. Die Arbeit. Die Freunde. Wer europäische Einigung erleben will, muss sich nur an ihren kleinen Tisch setzen und einen Kaffee trinken. Einen griechischen Mokka, untermalt von den Gedichten von Goethe, Schiller, Rilke. Es ist keine einfache Geschichte, aber eine schöne. Und immer voller Eleganz.

Wenn man kommt, sagt sie: »Du musst auf einen Kaffee bleiben, setz dich«, und wenn man geht: »Schade, dass du nicht mehr Zeit hast.« Maria ist Mensch gewordene Gastfreundschaft.

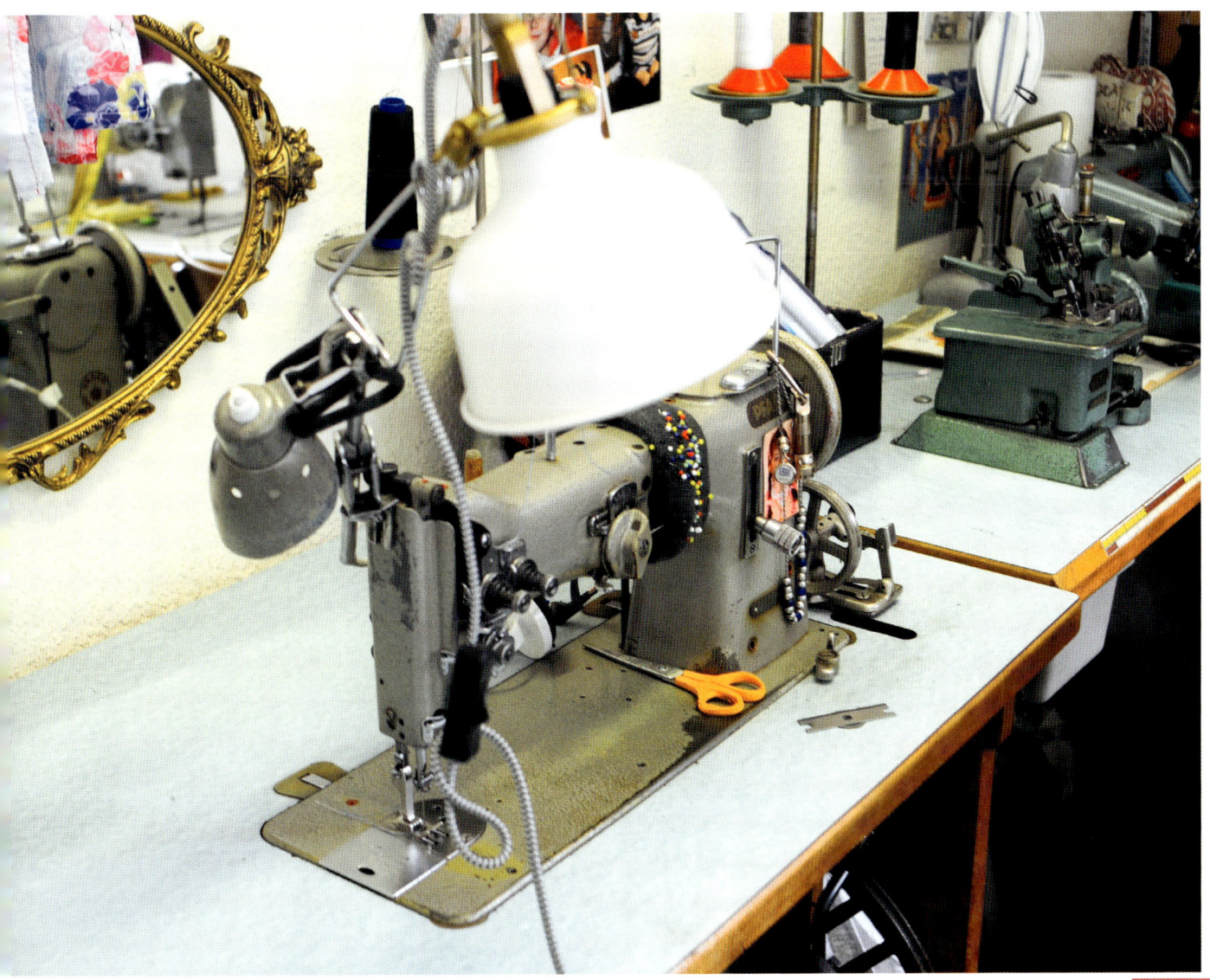

Zitronen-Gemüse-Suppe mit Huhn
Kotosoupa Avgolemono

Für ca. 6 Personen
1 Zwiebel
1 Möhre
2 Kartoffeln
¼ Knollensellerie
1 Suppenhuhn, küchenfertig
1 kleine Chilischote
3 EL gehackte glatte Petersilie
½ EL gehackter Dill
2 EL gehackte Minze
½ TL getrockneter Oregano
100 g Langkornreis
2 Eier
Saft von 1 Zitrone
Salz und frisch gemahlener schwarzer Pfeffer

Zwiebel, Möhre, Kartoffeln und Sellerie schälen bzw. putzen und in mittelgroße Stücke schneiden.

Das Huhn gut waschen. Einen großen Topf mit ca. 2 Liter Wasser zum Kochen bringen.

Das Huhn hineingeben und das Wasser aufkochen lassen, dabei tritt etwas Schaum an die Oberfläche, diesen abschöpfen. Das Huhn ca. 1 Stunde bei geringer Hitze köcheln lassen, bis es gar ist. Dann herausnehmen und etwas abkühlen lassen.

Die Chilischote fein hacken und mit Gemüse, Kräutern und Gewürzen in die Hühnerbrühe geben und weitere 20 Minuten köcheln lassen. Sobald das Gemüse gar ist, aus der Brühe nehmen und mit dem Stabmixer fein pürieren. Dann den Reis in die Brühe geben und gar köcheln lassen.

In der Zwischenzeit das Huhn häuten und von den Knochen befreien. Das Fleisch in mundgerechte Stücke zupfen. Püriertes Gemüse und Fleisch wieder in die Brühe geben.

Für das »Zitronen-Ei« beide Eier in eine kleine Schüssel schlagen und gut durchrühren. Dann den Zitronensaft zugeben. Einige Esslöffel der Brühe entnehmen und vorsichtig mit dem Ei-Zitronen-Schaum mischen. Das Ganze noch einmal wiederholen. Wichtig ist, nicht zu viel Brühe auf einmal zu nehmen, da sonst das Ei gerinnt.

Diese Mischung in die Suppe geben und gut durchrühren. Nach Geschmack salzen und pfeffern.

Rind mit Kräutern, Ofenkartoffeln und Bratgemüse Moschari me votana ke patates sto fourno

Für ca. 6 Personen

FÜR FLEISCH UND KARTOFFELN
6 Knoblauchzehen
1 Zwiebel
1 kleine Chilischote
Saft und Abrieb von 1 Bio-Zitrone
6 EL Olivenöl
1 TL getrockneter Oregano
Salz und frisch gemahlener schwarzer Pfeffer
1 kg Rindfleisch aus der Oberschale
5 Lorbeerblätter
1 kg Kartoffeln

FÜR DAS GEMÜSE
2 Zucchini
2 Auberginen
Salz
2 EL Olivenöl
1 Spritzer Zitronensaft
2 Knoblauchzehen, gepresst
½ TL getrockneter Oregano
Salz und frisch gemahlener schwarzer Pfeffer

Für das Fleisch den Knoblauch schälen und vierteln, die Zwiebel schälen und in grobe Würfel schneiden. Die Chilischote in feine Würfel schneiden und alles in einer Schüssel mit Zitronensaft und -abrieb, Olivenöl, Oregano, Salz und Pfeffer mischen. Abdecken und kurz ziehen lassen.

Das Fleisch gut abwaschen und mit Küchenpapier trocken tupfen. In das Fleisch einige kleine Mulden schneiden. Den Backofen auf 200 °C vorheizen.

Die marinierten Zwiebel- und Knoblauchstücke in die Mulden im Fleisch geben. Das Fleisch auf ein Stück Alufolie legen, die Lorbeerblätter darauf verteilen und alles mit der restlichen Marinade begießen. Mit der Alufolie umschließen, sodass ein »Päckchen« entsteht. In einen Bräter legen und im Ofen ca. 1 Stunde garen.

In der Zwischenzeit die Kartoffeln waschen, schälen und in Scheiben schneiden. Nach der Garzeit das Fleisch aus dem Päckchen nehmen, wieder in den Bräter legen und die Kartoffeln außen herum verteilen. Mit dem Sud des Fleisches mischen und noch etwas salzen.

Nochmals für ca. 30 Minuten im Ofen garen, bis das Fleisch leicht knusprig ist und die Kartoffeln gar sind. Dabei die Kartoffeln und das Fleisch immer wieder wenden.

Für das Gemüse Zucchini und Auberginen putzen und in Scheiben schneiden, leicht mit Salz würzen und ca. 15 Minuten stehen lassen, sodass sie entwässern können. Dadurch saugen sie sich beim Braten nicht mit zu viel Fett voll.

Das Öl in einer Pfanne erhitzen und das Gemüse darin anbraten; immer wieder wenden, bis es etwas Farbe angenommen hat und gar ist.

Das Gemüse aus der Pfanne nehmen und zum Entfetten auf Küchenpapier legen. Zitronensaft, Knoblauch, Oregano, Salz und Pfeffer zu einer Marinade verrühren und das Gemüse damit beträufeln.

Das Gemüse mit Fleisch und Kartoffeln anrichten.

Walnusskuchen
Glyko me Karidia

Für 1 Kuchen
1 **EL** Weizenmehl
1 **Pck.** Backpulver
200 **ml** Sonnenblumenöl
1 Ei
150 **g** Zucker
1 **Pck.** Vanillezucker
Abrieb von 1 Bio-Zitrone
100 **g** Mandeln, grob gehackt
400 **g** Walnüsse, gemahlen

AUSSERDEM
1 Backform (ø 26 cm)
Butter für die Form
Puderzucker zum Bestreuen, nach Belieben

Den Backofen auf 100 °C vorheizen. Die Backform einfetten.

Das Mehl mit dem Backpulver mischen. Das Öl mit einem Handrührgerät gut aufschlagen, das Ei zugeben und nochmals kurz rühren.

Zucker und Vanillezucker zufügen, kurz rühren und währenddessen schrittweise die Mehl-Backpulver-Mischung zugeben.

Zum Schluss Zitronenabrieb, Mandeln und Walnüsse unterheben. Es sollte eine halbflüssige Masse entstanden sein. Diese in die gefettete Form gießen.

Im Ofen ca. 1 Stunde backen. Nach dieser Zeit die Temperatur auf 150 °C einstellen und weitere 30 Minuten backen. Sollte die Oberfläche des Kuchens zu braun werden, mit Alufolie abdecken. Die Garprobe machen: Bleibt an einem hineingesteckten Stäbchen kein Teig mehr haften, ist der Kuchen fertig.

Den Kuchen in der Form erkalten lassen, dann stürzen und nach Belieben mit Puderzucker bestreuen. Mit einem griechischen Mokka servieren.

Griechischer Mokka-Kaffee
Ellinikos Kafes

Für 2 kleine Mokka-Tassen
2 **TL** griechischer Mokka-Kaffee
1 **TL** Zucker

Tipp
Griechischer Mokka wird sehr heiß und ohne Milch getrunken. Den Zucker kann man auch weglassen oder noch mehr hinzugeben – ganz nach Geschmack.

100 Milliliter Wasser in ein kleines Kupferkännchen geben, dann Mokka-Kaffee und Zucker einrühren.

Unter ständigem Rühren langsam erhitzen. Sobald der Mokka zu schäumen beginnt, etwas von dem Schaum in die Tassen abgießen. Den restlichen Kaffee nochmals aufschäumen lassen und die Flüssigkeit anschließend langsam auf den Schaum in den Tassen gießen.

Dies ist ein Buch über Menschen. Und ein Buch von Menschen. Es sind unendlich viele, die mir geholfen haben – manche direkt, manche wahrscheinlich ohne es überhaupt zu wissen. Es war ein langes und manchmal anstrengendes, aber vor allem wunderbares Jahr, das für immer ein besonderes für mich sein wird. Ich werde eure Namen hier nicht aufzählen, weil ich euch auf die Art sowieso nicht gerecht werden könnte. Aber ich danke euch und denke an euch. Eure Hilfe war unschätzbar wertvoll. Und wenn du dich an dieser Stelle auch nur ein kleines bisschen angesprochen fühlst, dann bist du wahrscheinlich aus tiefstem Herzen gemeint.
Danke.

Über das Buchprojekt
Elissavet Patrikiou im Interview mit Michalis Pantelouris

Michalis: Wie hast du dir die Menschen ausgesucht, die in dem Buch vorkommen?

Eli: Oh, das ist eine schwierige Frage. Ich weiß es nicht. Die meisten habe ich mir ja gar nicht ausgesucht, das sind Menschen, die mir in meinem Leben begegnet sind, die ich teilweise seit sehr, sehr langer Zeit kenne und manche auch noch gar nicht so gut und lange, aber die ich einfach toll finde – als Menschen und auch das, was sie tun. Sie sind einfach alle interessant und spannend. Ich habe niemanden gesucht für dieses Buch, diese Leute waren einfach da.

M: Und wann ist jemand spannend und interessant? Was verbindet sie, außer der Tatsache, dass du sie kennst?

E: Dass sie das, was sie tun, mit solcher Liebe und Leidenschaft machen. Das macht einen Menschen spannend für mich. Mit allem anderen kann ich nix anfangen.

M: Es waren ja immer sehr, sehr individuelle Gruppen von Leuten zusammen, von denen du oft viele gar nicht kanntest und die sich untereinander auch nicht unbedingt – wie zufällig war das? Wie kamen die Gruppen zustande?

E: Total zufällig! Für mich war es wichtig, nichts zu inszenieren. Ich habe allen gesagt: Kocht, was ihr wollt, macht, was ihr wollt, und seid, wie ihr wollt. Ladet Freunde ein, Familie, wen auch immer ihr dabeihaben möchtet, und wir machen uns einen schönen Tag. Mehr Konzept gab es nicht. Ich wollte, dass die Menschen echt sind und dass sie sich wohlfühlen. Ich wollte kein super-hipster-gestyltes Fotoshooting, sondern die Menschen so, wie sie sind. Und dann haben wir einen Tag ausgemacht, oder in manchen Fällen auch mehrere Tage, weil diese Menschen, wie gesagt, sowieso in meinem Leben sind. Mit manchen, wie dem Gartendeck Sankt Pauli, koche ich seit eineinhalb Jahren zusammen – viele habe ich also auch begleitet über eine längere Zeit. Und für mich persönlich war eben noch mal spannend, dass ich manche der Menschen gar nicht so gut kannte, und es waren immer ganz viele fremde Menschen dabei – die Freunde kannte ich ja meistens nicht – und faszinierenderweise hat es immer gepasst.

M: Woran lag das?

E: Daran, dass wir immer ein gemeinsames Thema hatten: Essen und mit guten Menschen zusammen sein. Und es war völlig egal, mit wem wir zusammensaßen, egal wer da gekommen ist: Es war immer besonders und schön. Und wir haben uns alle gut gefühlt miteinander, obwohl wir uns nicht kannten.

M: Du arbeitest an diesem Buch ja schon eine ganze Weile, genau genommen hast du damit angefangen schon lange bevor es überhaupt die Idee gab, ein Buch daraus zu machen. Zum Teil hast du es ja auch gar nicht als Arbeit verstanden, sondern du hast mit Menschen gekocht, und weil du eben Fotografin bist, hast du dabei auch fotografiert. Wann hast du gedacht, dass es ein Buch sein könnte?

E: Es kamen immer wieder Gedanken von außen, weil so viele Leute auf Facebook die Bilder gesehen haben, die ich mit den unterschiedlichsten Menschen beim Kochen gemacht habe.

Und dann hat mir ein Mensch, den ich sehr schätze, gesagt: »Frau Patrikiou, Sie müssen ein Buch über Ihr Leben machen, Sie kennen so viele interessante Leute.« Das habe ich erst mal gar nicht verstanden. Aber dann, auch in Verbindung mit den Reaktionen über Facebook, wo ich so viel Feedback bekomme zu den Bildern ... Das ist ja kein Job für mich, das ist mein Leben: Bilder zu sehen. Ich sehe alles in Bildern. Du schreibst und denkst in Wörtern. Ich sehe Bilder, ob ich will oder nicht – und so kam eins zum anderen, und es war mir irgendwann klar, ich will genau so ein Buch machen: Das bin ich, es ist nichts gestellt, und wer auch immer du bist, egal woher du kommst, wir sind hier zusammen. Für uns ist das ja etwas Normales, etwas Selbstverständliches. So leben wir. So ist Deutschland, zumindest in ganz vielen Teilen. Es ist selbstverständlich, dass wir hier miteinander leben und am Tisch zusammensitzen und essen, und es ist egal, ob da jemand ein Kopftuch trägt, woher er kommt – das spielt einfach keine Rolle.

M: Welche Rolle spielt Essen dabei?

E: Eine ganz große. Diese Begegnungen, diese Tage, die ich mit teilweise ganz fremden Leuten verbrachte – wir wären uns niemals so nahegekommen, wenn wir nicht zusammen gegessen hätten. Beim zusammen Kochen und zusammen Essen ist gleich eine Verbindung da, eine Wärme. Wenn wir uns irgendwo neutral getroffen hätten, wäre das nie entstanden. Das habe ich im Leben so oft erlebt: Wenn man mit fremden Menschen zusammen isst, kriegt man sofort eine ganz andere Ebene miteinander.

M: Was glaubst du, woran das liegt?

E: Das habe ich mich auch schon oft gefragt.

M: Vijay, der auch in diesem Buch vorkommt, hat im Gespräch etwas gesagt wie: »In dem Moment, wo du etwas teilst, hast du die Grunderfahrung dafür geschaffen, zu einem Stamm zu gehören.«

E: Ja, das ist ein so schöner Gedanke, und er hat das auf den Punkt getroffen. Und Essen hat immer etwas von Geborgenheit, auch von Heimat. Viele haben ja auch etwas aus ihrer ursprünglichen Heimat gekocht – aus dem Iran, aus Sri Lanka – und dann mit glänzenden Augen und voller Stolz serviert. Das hat immer auch etwas von: Ich schenke dir jetzt ein Stück meiner anderen Heimat, die ich habe. Immer mit so einer Freude und so einer Liebe zubereitet – und dann nimmst du dieses Geschenk an und bist sofort ganz anders verbunden. Das kenne ich doch auch: Wenn ich für andere griechisches Essen von meiner Mutter koche, dann ist das ein ganz anderes Gefühl, als wenn ich jetzt Rouladen machen würde. Das kann auch schmecken, aber ich könnte das nicht mit so einem Gefühl, und die Leute könnten das auch nie mit so einem Gefühl essen.

M: Ich habe dir mal Rouladen gemacht! Warum sagst du jetzt gerade Rouladen?

E: Moment! Da kam ganz viel Gefühl rüber, weil das ja der Tag war, an dem ich meine deutsche Staatsbürgerschaft bekommen habe. Da waren die deutschen Rouladen das Emotionalste, was du hättest für mich kochen können! Aber wenn ich die mache …

M: Meine Erfahrung ist übrigens, dass es nichts Schlimmeres gibt, als beim Essen fotografiert zu werden.

E: Ich werde nie vergessen, in meiner Ausbildung vor mehr als 20 Jahren – damals habe ich gerade Hochzeiten fotografiert – hat mir mal jemand gesagt: »Es ist das Allerletzte, Menschen beim Essen zu fotografieren. Das tut man nicht!« Diesen Satz habe ich seitdem drin, und es ist mir verdammt schwergefallen. Ich musste mich wirklich überwinden, aber ich habe mir gesagt: Es geht ja gerade um Menschen beim Essen, also muss ich sie auch fotografieren. Es hört sich komisch an, aber Menschen, die keine

professionellen Models sind, zu fotografieren, gehört sowieso zu den intimsten Dingen, die man machen kann – und beim Essen ist es noch mal viel intimer. Ich finde das intimer, als Menschen nackt zu fotografieren. Ich musste mich wirklich jedes Mal überwinden. Die Leute wollen ja auch in Ruhe essen und es genießen, ich will sie ja nicht dabei stören.

M: Aber wie schaffst du es denn, sie so zu fotografieren, ohne dass es gestellt wirkt? Man sieht ja hier, dass du es kannst.

E: Ich bin einfach immer dabei, ich bin ein Teil der Gruppe, aber dann irgendwie doch auch wieder nicht. Weil ich immer die Beobachterin bin.

M: Du kommst auch selbst oft gar nicht zum essen.

E: Genau. Und ich bin ja eigentlich jemand, der viel spricht. Sehr viel. Aber ich versuche, beim Fotografieren gar nicht zu sprechen. Ich hasse es, dabei zu sprechen. Ich versuche, im Hintergrund zu sein und trotzdem zu zeigen, wie gerne ich hier bin und wie schön ich den Moment finde. Dadurch dass die Menschen merken, dass ich Lust darauf habe, die Fotos zu machen, und dass mein Herz dabei aufgeht – das hört sich so blöd an, aber ich weiß nicht, wie ich es anders sagen soll. Ich glaube und hoffe, dass man das in dem Moment merkt und sich nicht zu sehr bedrängt fühlt.

M: Was war bei der Arbeit an dem Buch das Faszinierendste für dich? Gab es einen Tag, der dir besonders in Erinnerung geblieben ist?

E: Für mich hatte alles seinen Moment und etwas für sich Besonderes. Was ich aber faszinierend finde, ist, dass ich sicher bin, wenn wir einmal alle zusammenkommen und das Erscheinen des Buches feiern – und das werden wir –, dann bin ich mir ganz sicher, dass sich alle sofort verstehen werden.

M: Warum?

E: Weil alle gleich verstanden haben, worum es geht und warum es wichtig ist. Und sie waren alle sofort bereit, mitzumachen.

M: Aber das lag an dir. Wie soll man der Energie widerstehen, mit der du das gemacht hast?

E: Nein, das lag daran, dass sie es wichtig fanden. Warum hast du denn sofort mitgemacht? Doch auch, weil du es wichtig fandest.

M: Nein, wegen dir. Ich finde tausend Sachen wichtig, bei denen ich nicht mitmache.

E: Du bist ein Spinner.

M: Ja, deswegen auch.

Rezepte

Leonie
Papadam 14
Devil-Scampi 15
Linsencurry 18
Auberginencurry 18
Kartoffel-Möhren-Curry 19
Basmatireis à la Sri Lanka 19

Yasemin & Cüneyt
»Zigarren«-Röllchen – Sigara Börek 27
Mit Maismehl gebratene Auberginenscheiben – Mısır unlu patlıcan kızartması ... 28
Bulgursalat – Kısır 31
Möhren-Joghurt-Salat – Havuçlu Yoğurt Salatas 31

Alexandros
Hamburger Rundstück 40
Griechischer Eintopf – Stifado 44
Matjesfilet mit Speckstippe, gestovte grüne Bohnen und Pellkartoffeln ... 47
Frische Mango-Quark-Torte 51
Hefegebäck – Tsoureki 53

Flora
Mini-Maismehl-Fladenbrot – Mini-Arepa 60
Ceviche 62
Hähnchenkuchen – Torta de Frango 63
Möhrenkuchen – Bolo de Cenoura 65
Maracuja-Mousse – Mousse de Maracujá 67
Caipirinha 67

Charly
Kartoffel-Curry-Gratin mit gebratener Schinken-Putenbrust »Charlys Curry-Schmackofatz« ... 79

Karen & Vijay
Halloween-Kürbissuppe 87
Hokkaidokürbis vom Blech mit knusprigem Bacon 89
Bratäpfel 92
Vanillesoße 93
Glühwein 94

Bao
Dämpfknödel – Bánh Bao 103
Gefüllte Betelblätter mit süßsaurer Limettensoße – Bo la lot 107
Vietnamesische Nudelsuppe Mama – Pho Bo Mama 109

Alex, Katja & Monty
Bohnenpüree – Fava 119
Mohnbrot 119
Bohnensalat mit Estragon und Minze 121
Persischer Eierkuchen – Kuku Sabzi 123
Griechischer Bauernsalat – Choriatiki 127
Zucchinibratlinge – Kolokithokeftedes 127
Himbeeren mit Sahne und Baiser 129
Eistee 129

Rezepte

Jasmin & Lisa
Joghurt mit Gurke – Mast-o chiar 135
Auberginen-Belugalinsen-Dip – Halim bademjun 135
Iranisches Fladenbrot – Nun-e barbari 136
Iranischer Reis – Polo 137
Granatapfel-Walnuss-Ente – Fesenjun 141
Reis mit Berberitzen-Huhn – Sereshk polo ba morgh 143
Blätterteig-Dattel-Taschen 144
Schoko Beeren Torte 145
Scharfe Möhrencreme mit gerösteten Pinienkernen 147
Wurzelbrot 148
Tomaten-Orangen-Butter 148
Eingelegter Ziegenkäse 151
Rote-Bete-Salat mit Couscous und Kräutern 151
Cheesecake mit Blaubeeren und Orange 153

Felix
Muscheln | Wurzeln | Knoblauch | Scheurebe | Zitrone | Kräuter 169
Lammkarre | Ostfriesentee | Bohnen | Hüttenkäse | Tomaten | Erbsen 172
Fisch im Ganzen mit Glutkartoffeln 177
Waffeln aus der Glut - Birnen | Nelke | Zabaione | Zimt | Beeren 180

Kerstin
Pastasalat mit Joghurtcreme, frischen Erbsen und dicken Bohnen 190
Dicke-Bohnen-Creme 193
Salzzitronen 193
Fleischfladen 195
Gemischter Salat mit warmen Kichererbsen 197
Arabischer Linsenreis 198

Michalis
Kretischer Salat mit Ziegenkäse – Kritiki Salata 211
Tomatenfrikadellen mit Bohnenmus – Ntomatokeftedes me Fava 212
Kalmar gegrillt – Kalmar sto grill 215
Michalis Sonntags-Lammwürstchen – Michalis Spetzofai 218
Elenis Sonntags-Milchreis – Elenis Risogalo 219

Maria
Zitronen-Gemüse-Suppe mit Huhn – Kotosoupa Avgolemono 229
Rind mit Kräutern, Ofenkartoffeln und Bratgemüse – Moschari me votana ke patates
sto fourno 231
Walnusskuchen – Glyko me Karidia 233
Griechischer Mokka-Kaffee – Ellinikos Kafes 233

Impressum

5 4 3 2 1   21 20 19 18 17
ISBN 978-3-88117-157-1

Konzept und Fotografie: Elissavet Patrikiou
Texte: Michalis Pantelouris
Gestaltung und Satz: Jeanne van Stuyvenberg
Covergestaltung: Nieschlag + Wentrup – Büro für Gestaltung, Münster
Coverfotos: Lisa Nieschlag
Litho: FSM Premedia, Münster
Redaktion: Angela Vornefeld, Julia Bauer
Lektorat: Julia Bauer
© 2017 Hölker Verlag
in der Coppenrath Verlag GmbH & Co. KG
Hafenweg 30, 48155 Münster, Germany
Alle Rechte vorbehalten, auch auszugsweise

www.hoelker-verlag.de